T0405819

DE TODAS LAS FLORES

El papel utilizado para la impresión de este libro ha sido fabricado a partir de madera procedente de bosques y plantaciones gestionadas con los más altos estándares ambientales, garantizando una explotación de los recursos sostenible con el medio ambiente y beneficiosa para las personas.

Penguin
Random House
Grupo Editorial

De todas las flores

Primera edición en Cultura y Entretenimientos ML: marzo, 2023
Primera edición en Penguin Random House: mayo, 2025

D. R. © 2023, 2025, Natalia Lafourcade
www.natalialafourcade.com.mx

D. R. © 2025, derechos de edición mundiales en lengua castellana:
Penguin Random House Grupo Editorial, S. A. de C. V.
Blvd. Miguel de Cervantes Saavedra núm. 301, 1er piso,
colonia Granada, alcaldía Miguel Hidalgo, C. P. 11520,
Ciudad de México

penguinlibros.com

El diseño de esta edición es una adaptación del diseño original.
D. R. © 2023, Juan Pablo López-Fonseca y María Marín de Buen, por la edición y diseño editorial de la 1ª ed.
D. R. © 2025, Penguin Random House, por la adaptación del diseño editorial 1ª ed. PRHGE
D. R. © 2025, Natalia Lafourcade, Juan Pablo López-Fonseca, María Marín de Buen y Valentina Carmona,
por el concepto de la 1ª ed. PRHGE
Diseño original de portada: Juan Pablo López-Fonseca, María Marín de Buen y Daniela Velasco
D.R. © Anne Lawrie, por la traducción de canciones
D. R. © Santiago Marín y Berta Helena de Buen, por la corrección de estilo y traducción de textos
D. R. © Daniela Velasco y Natalia Lafourcade, por el concepto de arte del disco
Asistente de la primera edición: Brenda Coronado
Management: Juan Pablo López-Fonseca y Margarita Bruzzone
Project manager del libro: Juana Raspo

ISBN: 978-607-385-774-1

Impreso en México – *Printed in Mexico*

CULTURA Y ENTRETENIMIENTOS ML

DE TODAS LAS FLORES

NATALIA LAFOURCADE

AGUILAR

A Frida

Para mí es como un tren en donde viajan las memorias.
Cada vagón es una canción, una memoria.
Un shot de sensualidad.

En el pasivo el erotismo de la naturaleza.

DE TODAS LAS FLORES

BY

NATALIA LAFOURCADE

Un homenaje a la vida, a la muerte
al amor al desamor.
Un viaje interior. Un viaje de sanación.
de amor propio.
Un universo lleno de mística. de magia de misterio.
En esta pieza se escucha y se siente el viento, el mar
una Danza. Aquí vivimos un ciclo de vida.
la primavera el invierno verano otoño.
Es animal. es medicina, hierbas,
Son canciones que querían venir a este mundo yo solo
fui un canal para q' llegaran.

SEMBRANDO CANCIONES
Natalia Lafourcade

En el centro de mi cuerpo sentí la necesidad de volver a sembrar semillas, la ilusión de escribir nuevas canciones, de cantar nuevas melodías y de hacer música propia. Pensé en un disco de doce canciones que reflejara un ciclo de vida, pero habían pasado muchos años desde la última vez que lo había hecho y la idea se presentaba como un desierto ante mis ojos. Sentía que no tenía nada y tampoco recordaba cómo empezar. Ante mi ser había un abismo. Después de un tiempo decidí buscar en mi celular, ir al pasado y esculcar en mis notas de voz para ver si por ahí encontraba alguna canción que valiera la pena. Encontré como veinte grabaciones que contenían ideas, algunas enteras, otras parecían ser nada; en ellas se reflejaba una etapa de mi vida que fui capturando poco a poco entre viajes, giras y momentos de descanso en Veracruz. Encontré algo muy personal, páginas de un diario musical. Yo y mis emociones desnudas. Pasaron semanas de confinamiento hasta que un fin de semana David Aguilar vino a mi casa y me pidió escuchar todo lo que yo tenía. Al ser mi amigo y admirarlo tanto como músico y compositor, para mí su opinión era muy importante. Esa tarde escuchamos todas esas canciones y me preguntó: ¿por qué no las grabas y ya? Entonces nació un sueño, volver a grabar un disco totalmente inédito. Esta idea era para mí como volver a un jardín olvidado. Tenía años de no hacerlo, desde que hice *Hasta la raíz*, y ni siquiera me había dado cuenta. Decidí emprender el viaje y comenzar este maravilloso y largo proceso.

De todas las flores es ese jardín interno que pude revisitar; en él encontré de todo. La música refleja momentos y reflexiones personales de los últimos tres o cuatro años de mi vida. Se le canta a la vida y a la muerte, al amor y al desamor; también se le canta a la tierra, a la naturaleza, a lo que no podemos ver, a lo místico. Lo llamo un diario musical porque me acompañó en el proceso de volver a escucharme, de volver a mí. Esta vez se trataba de hacer algo que reflejara mi mundo interno. El viaje comenzó. Vino un periodo de búsqueda de canciones, trabajar sus letras y lograr tener aquellas que viven por sí solas. Decidí hacer una familia musical con algunos artistas que admiro profundamente desde hace mucho tiempo. Invité a Adan Jodorowsky para que caminara conmigo y fuera mi productor musical. Pude cumplir el sueño de grabar en cinta estando todos juntos en un cuarto sin usar metrónomo. Hice la adaptación de un poema de María Sabina y tuve la compañía de David Aguilar como coautor de dos temas. Las bases de las canciones fueron grabadas en el Estudio A de Sonic Ranch en Tornillo, Texas. Tuve la compañía de músicos como Marc Ribot en la guitarra, Cyril Atef en la sección rítmica, Sebastian Steinberg en el contrabajo, Emiliano Dorantes en el piano, y yo con mi voz y mi guitarra de nailon. De nuevo me encontré con la niña, la mujer, la cantora. El jardín abría sus brazos para que jugáramos libremente. Ahí estábamos, ahí estaba yo, en esa isla de trabajo llena de lámparas y velas, acompañada de aromas de incienso y palo santo. Se sentía como un nido en donde todo un nuevo mundo musical comenzaba a mostrar su presencia, su espíritu. Fueron como quince días de trabajo intenso, los músicos se fueron y Adan y yo comenzamos a prepararnos para la siguiente etapa. A la distancia fuimos trabajando los arreglos musicales que terminarían de darle forma a todo. La familia crecía, el proyecto comenzó a tener voz propia y a dictarnos qué era lo que se tenía que hacer. Conseguimos una máquina de cinta que transportamos de la Ciudad de México a Veracruz para la siguiente etapa. Grabar en el formato análogo, como se hacía antiguamente, era toda una aventura, casi casi una necedad y, contundentemente, una de las reglas en este juego, la cual nos tomamos muy en serio. Era tres veces más esfuerzo hacerlo de esta manera. Un tejido artesanal. Grabamos las cuerdas, los coros y vientos. Se llenó de vida La Grapa Creativa, el espacio donde estuvimos durante una semana. Unos meses después de estar en Veracruz volamos a París, una de mis ciudades favoritas del mundo. Encontramos un estudio llamado Motorbass muy cerquita del Sagrado Corazón en Montmartre, en donde pasamos dos semanas mezclando todo, aún en máquina de cinta. La ingeniería musical y la mezcla del disco estuvieron en manos de Gerardo "Jerry" Ordonez. Verlo trabajar era de otro mundo. La máquina, que eventualmente bautizamos como "la lavadora", se convirtió en un personaje más de esta historia. Finalmente llegó el momento de la masterización y mandamos la música a Bernie Grundman en Los Ángeles, California.

Hacer discos de esta manera en estos tiempos es una locura, no sucede muy seguido, al menos no en mi caso. Se ha sentido como un largo viaje, pero, para mí, era necesario vivir la experiencia de una manera distinta a lo que experimenté en el pasado, darme tiempo y transitar intensamente cada etapa, estar conmigo, consentirme. Fueron un sinfín de momentos hasta que terminamos el disco y llegó la hora de cruzar el puente para entregar la música a ese espacio en donde uno ya no tiene más el control y nunca se sabe lo que puede pasar. Desde aquellos tiempos en los que planeábamos este disco, pensé en lo mucho que me gustaría acompañar esta historia musical con proyectos hermanos para poder contar el proceso y, asimismo, honrar lo que muchas veces puede quedar en el olvido una vez que los proyectos se terminan; casi casi darle al proceso el mismo nivel de importancia que se le da a los resultados finales. Imaginé música, imaginé un pódcast que pudiera contar en diferentes episodios lo que sucedió a través del tiempo y abrir las puertas y ventanas de esa intimidad que pocas veces se muestra. Imaginé muchas cosas distintas, entre ellas un libro que vino a mi mente en muchas ocasiones. Siempre disfruté de hacer diarios mientras hacía mis discos y esta vez quise mostrar las páginas en las que se mira el universo que es *De todas las flores* desde otro ángulo.

Acudí a Juan Pablo López-Fonseca, con quien he colaborado en diferentes proyectos audiovisuales, y a María Marín de Buen, que tiene gran experiencia en la hechura de libros hermosos en donde el arte, el diseño y la cotidianidad de la vida pueden convivir de una manera orgánica y sincera. Ellos me ayudaron a darle forma a este libro que me hacía tanta ilusión materializar. Feliz de que ambos aceptaran, decidí organizar una residencia en casa para juntos darle orden a los materiales que fui acumulando en el proceso de hacer el disco. Todo estaba ahí, las libretas, los borradores de textos, las notas, las polaroids y fotografías de viajes que me inspiraron para escribir estas canciones, las fotos de Maureen M. Evans en Sonic Ranch, también el registro fotográfico que hicimos para el arte del disco en aquel estudio de Jacques Tati en París bajo la dirección de Sonia Sieff. Al final parece que todo fuera muy fácil, pero en realidad cada paso toma mucho tiempo, dedicación, pasión y amor. Poder mirar las entrañas de algo que desde afuera se ve sólido, finito y completo me permitió recordar ese tiempo dedicado que ahora te comparto. Me era importante recordar que siempre es así, y que hay que honrar cada segundo y cada paso que se camina en la montaña, siempre sabiendo que todo pasa, pero que el proceso está lleno de magia, matices, de momentitos que valen oro, de enseñanzas. Ver cómo mis canciones toman vida propia y hacen lo que ellas quieren es hermoso y se siente como un desprendimiento al final del camino. La música se entrega, todo se entrega al universo y, después de mí, las canciones pasan de vez en cuando para ser interpretadas. Entonces viene una parte muy importante de este sueño, me gusta llamarla "el cruce del puente". *De todas las flores* es un campo que ya he caminado durante mucho tiempo y que he explorado en la intimidad junto con toda la gente maravillosa que me ha acompañado, pero esa etapa ha llegado a su fin. Hemos terminado y liberamos todo para que se cruce ese puente y la música emprenda su vuelo. Lo mismo sucede con este libro. Ahora llega el momento en que tú te apropias del todo y vives la experiencia desde tu ángulo.

El libro cuenta la historia de cómo las canciones adquieren vida propia, sus hojas se vuelven ventanas que muestran la intimidad de mis espacios creativos y las imágenes que fuimos capturando durante la grabación musical. Es un cúmulo de páginas que muestran la evolución de un proyecto que crece como un árbol. Aquí encontrarás las letras de las canciones escritas a mano y la versión final de los versos, una pequeña charla con Elvira Liceaga —la voz que guía *De todas las flores, el pódcast*— y también una reflexión suya sobre el disco y sus procesos. Cuando miro estas páginas recuerdo, me emociono, entiendo que siempre en los procesos se trata de hacer una búsqueda infinita que es personal y en la que eventualmente se encuentra a una familia que acompaña en el viaje. Todo ello implica preparar un terreno, sembrar semillas y cuidarlas, tener paciencia y presencia para ver cómo crecen las flores. Esa es la razón por la cual me gusta decir que este proceso fue como volver a mi propio jardín y ha sido un privilegio, me siento profundamente agradecida pues he podido disfrutarlo.

Aquí te presento mi libro, es tan mío como tuyo. Decidimos dejar espacios en blanco para que en ellos puedas anotar, dibujar, pegar una foto, escribir una canción o un poema, hacer un collage o, si quieres, romperlo todo.

Es un libro que con amor te invito a que conserves para honrar ese vínculo y complicidad que ya existe entre nuestros mundos y así llenar de amor tus manos, tus ojos, tus sentidos.

Que la imaginación se eleve y el corazón se emocione.

Nos vemos pronto por ahí donde la voz se hace una.

Buen viaje.

NL

SOWING SONGS
Natalia Lafourcade

In the center of my body, I felt the need to sow seeds again, the hope of writing new songs, singing new melodies, and making my own music. I imagined an album of twelve songs that reflected a life cycle, but many years had passed since I had last recorded one, and the idea appeared to my eyes like a desert. I felt like I had nothing, and I couldn't remember how to get started. There was an abyss before me. After a while I decided to look at my phone, go to the past and dig into my notes to see if I found any potential songs there. I found about twenty recordings that contained ideas, some were complete, others seemed to be nothing. They reflected stages of my life that I had captured little by little between trips, tours, and moments of rest in Veracruz. I found something very personal, pages of a musical diary. Me and my bare emotions. Weeks of confinement passed until one weekend David Aguilar came to my house and asked to listen to all the material I had. His opinion was very important to me because he is my friend and I admire him as a musician and as a composer. That afternoon we listened to all those songs, and he asked me: why don't you just record them? Then, the dream of recording unpublished songs again was born. For me, this idea was like going back to a forgotten garden. I had not done it since I did *Hasta La Raiz* and I had not even noticed it. I decided to embark on the journey and begin this wonderful and long process.

De Todas Las Flores is that inner garden that I was able to visit again, and I found everything in it. The music reflects personal moments and thoughts from the last three or four years of my life. I sing to life and death, to love and heartbreak; I also sing to the earth, to nature, to what we cannot see, to what is mystical. I call it a musical diary because it accompanied me in the process of listening to myself again, of coming back to myself. This time it was about doing something that reflected my inner world. The journey began. There was a period of searching for songs, working on their lyrics, getting the ones that have a life of their own. I decided to make a musical family with some artists that I have deeply admired for a long time. I invited Adan Jodorowsky to come on this journey as my music producer. I was able to fulfill the dream of recording on tape the sound of all of us playing in the same room without a metronome. I adapted a poem by María Sabina, and

I was joined by David Aguilar as co-author of two songs. The backing tracks of the songs were recorded in Studio A at Sonic Ranch in Tornillo, Texas. I was accompanied by musicians like Marc Ribot on guitar, Cyril Atef in the rhythmic section, Sebastian Steinberg on double bass, Emiliano Dorantes on piano and myself with my voice and my nylon guitar. I met the girl, the woman, the singer again. The garden opened its arms for us to play freely. There we were, there I was, on that work island full of lamps and candles, accompanied by the aroma of incense and palo santo. It felt like being in a nest where a whole new musical world was beginning to show its presence, its spirit. We worked intensely for around fifteen days, then the musicians left, and Adan and I began to prepare for the next stage of the process. We worked remotely on the musical arrangements that would finish shaping everything. The family grew, the project began to have its own voice and dictate to us what had to be done. We got a tape machine that we moved from Mexico City to Veracruz for the next step. Recording in analogue format, as it was done in the past, was an adventure, almost a folly, yet it was one of the main rules of this game and we took it very seriously. It took three times more effort to do it this way. A handmade fabric. We recorded the strings, backing vocals and winds, La Grapa Creativa, the space where we worked for a week, was filled with life. A few months after being in Veracruz we flew to Paris, one of my favorite cities in the world. We found a studio called Motorbass very close to the Sacre Coeur in Montmartre where we spent two weeks mixing everything, still using a tape machine. Gerardo "Jerry" Ordonez oversaw the engineering and mixing of the album. Seeing him work was like seeing something from another world. The machine, which we eventually named "La Lavadora" became another character in this story. It was finally time for the mastering process; we sent the music to Bernie Grundman in Los Angeles, California.

To make records in this way today is crazy, it doesn't happen very often, at least not to me. It feels like it has been a long journey, but it was necessary for me to live the experience in a different way than I had done in the past, to give myself the time to go through each stage intensely, to be with myself, to nurse myself. An infinity of moments passed until we finished the album, and the time came to cross the bridge and deliver the music to that space where you no longer have control, and you never know what can happen. Since we first started planning this album, I thought about how much I would like this musical story to have sister projects that could show the process and honor what can often be forgotten once projects are finished. It is almost like giving the process the same level of importance that is given to the final product. I imagined music, a podcast that could show what happened during the process in different episodes and open the doors and windows into an intimacy that is rarely seen. Among the many different things that I imagined was a book that had come to my mind on many occasions. I had always enjoyed making diaries while making my records, and this time I wanted to show the pages where the universe of *De Todas Las Flores* can be seen from another angle.

I went to Juan Pablo López-Fonseca, with whom I have collaborated in different audiovisual projects, and to María Marín de Buen, who has a lot of experience making beautiful books in which art, design and everyday life can coexist in an organic and sincere way. They would help me shape the book that I was so excited to bring into being. I was glad they both agreed, and I decided to set up a residency at home so that we all could organize the materials that I had gathered in the process of making the album. Everything was there, the notebooks, the drafts, the Polaroids and travel photos that inspired me to write these songs, the ones Maureen M. Evans took at Sonic Ranch, as well as the ones we took for the album artwork in Jacques Tati's studio in Paris under Sonia Sieff's direction. We selected the materials that are part of this story and for the first time I decided to share my notebooks and notes. In the end it all seems very easy, but it takes a lot of time, dedication, passion, and love at every step. Being able to look inside something that seems solid, finite, and complete from the outside, allowed me to remember the time I devoted to it and that I now share with you. It was important for me to remember that this is how it always is and that every second and every step you walk on the mountain must be honored, knowing that it is all transitory, but that the process is full of magic, of nuances, of golden moments, of teachings. Now it is my turn to see how my songs take on a life of their own and do what they want, it is beautiful to see it, and it feels like detachment at the end of the road. Music gets delivered, everything gets delivered to the universe and outside of me the songs come every so often to be interpreted. Then comes a very important part of this dream, I like to call it *the crossing of the bridge*. *De Todas Las Flores* is a field I have walked for a long time, and I have explored it in intimacy with all the wonderful people who have accompanied me, but that stage has come to an end. We have finished and released every-thing so that the bridge gets crossed, and the music begins its flight. It is the same with this book. Now comes the time when you fully appropriate it and live the experience from your perspective.

The book tells the story of how the songs take on a life of their own, its pages become windows that show the intimacy of my creative spaces and the images that we captured during the recording process. It is a cluster of pages that show the evolution of a project that grows like a tree. In it you will find a small chat with Elvira Liceaga —the voice that guides *De Todas Las Flores, El Pódcast*— as well as the hand-written lyrics for the songs and their finished texts. When I look at these pages I remember, I get excited, I understand that processes are always about making an infinite search that is personal but eventually leads you to find a family that accompanies you on the journey. It in-volves getting the soil ready, sowing the seeds, and taking care of them, having patience and presence to see how the flowers grow. That is why I like to say that it was like going back to my own garden and it has been a privilege, I feel deeply grateful because I have been able to enjoy it.

Here is my book, it is yours as much as it is mine. We decided to leave blank spaces so that you can make notes, draw, paste a photo, write a song or a poem, make a collage or, if you want, break it up.

With love, I invite you to keep this book to honor that link and com-plicity that already exists between our worlds and fill your hands, your eyes, your senses.

May the imagination rise, and the heart be moved.

See you soon where the voice becomes one.

Have a good journey.

NL

27

CANCIONERO

—

01. VINE SOLITA

A este mundo vine solita
solita me voy a morir
Cuando camino solo respiro
Percibo conmigo valientes mis pies
Persigo conmigo valiente mis pies.

En este mundo no entiendo la guerra
la guerra de adentro de mí o de ti
Llega la noche, apago la luz y en la oscuridad
sigo soñando con despertar, con despertar
Sigo soñando con despertar, con despertar.

Aunque pal mundo soy invisible
yo siento marea que danza agitada en mi piel
Y al viento entrego todas mis penas
Si lloro violento soy río hasta el amanecer
Si lloro violento soy río hasta el amanecer
Si lloro violento soy río hasta el amanecer.

En cada día estoy naciendo
En cada día estoy partiendo de mí
De mí me aferro a la vida
De mí me aferro a la vida
De mí me aferro a la vida
De mí, de mí, de mí me aferro a la vida
De mí me aferro a la vida
De mí, de mí, de mí me aferro a la vida
De mí me aferro a la vida.

A este mundo vine solita
solita me voy a morir
A este mundo vine solita
Me aferro a la vida antes de morir
Me aferro a la vida antes de morir.

02. DE TODAS LAS FLORES

De todas las flores que sembramos
sólo quedan unas encendidas
Cada mañana se preguntan
cuándo llegarás para cantarles.

De todas las lunas que miramos
sólo quedan algunas memorias.

Cuando nos reímos, cuando nos tuvimos
en las calles de Madrid borrachos fuimos sin un rumbo fijo.

Cuando nos bailamos, cuando nos perdimos
en esa canción que en nuestro antiguo mundo juntos comprendimos
En ese jardín de rosas buganvilias donde compartimos.

De todas las flores que sembramos
sólo quedan unas encendidas
Cada mañana se preguntan
cuándo llegarás para cantarles.

Las lunas menguantes que nos observaron
sobre mares lloran lágrimas sagradas.

Como tu caricia, dulce como amarga
Deliciosas las mañanas laberintos en las madrugadas.

Como tu caricia, suave como espina
se me va clavando sobre el pecho toda esta melancolía
En este jardín de rosas buganvilias sin tu compañía.

De todas las lunas que miramos juntos
sólo quedan algunas memorias
Cuando nos reímos, cuando nos tuvimos
en las calles de Madrid borrachos fuimos sin un rumbo fijo
Cuando nos bailamos, cuando nos perdimos
en esa canción que en nuestro antiguo mundo juntos comprendimos
En ese jardín de rosas buganvilias donde compartimos
En ese jardín de rosas buganvilias donde nos perdimos.

03. PASAN LOS DÍAS

Pasan los días y sigo pensando en ti
Pasan las horas, no me logro desprender
Es tan absurdo imaginar que nuestro amor
no es suficiente para hacernos regresar.

Pasa la vida y sigo pensando que
teníamos todo para hacernos mucho bien
Que la distancia no podría destruir
aquel espacio construido en la ilusión.

Y dime cómo hago para respirar
en este mundo tan vacío que queda en mí
¿Dónde ha quedado aquel encanto entre los dos?
Te lo suplico no lo olvides por favor.

Pasan los días y sigo pensando en ti
Pasan las horas, no me logro desprender
Es tan absurdo imaginar que nuestro amor
no es suficiente para hacernos regresar.

Pasa la vida y sigo pensando que
teníamos todo para hacernos tanto bien
Que la distancia no podría destruir
aquel espacio construido en la ilusión.

Y dime cómo, dime cómo hago para respirar
en este mundo tan vacío que queda en mí
¿Dónde ha quedado aquel encanto, aquel encanto entre los dos?
Te lo suplico no lo olvides por favor.

Sólo quiero quererte
Yo sólo quiero abrazarte
En este universo loco mirarte, crecer y en la distancia amarte.

Sólo quiero quererte
Yo sólo quiero besarte
En esta nuestra despedida mirarte, arrancar y en la distancia amarte
Sólo quiero quererte

Yo sólo quiero abrazarte
En este universo loco mirarte, crecer y en la distancia amarte
Sólo quiero quererte
Yo sólo quiero besarte
En esta nuestra despedida mirarte, arrancar y en la distancia amarte.

Sólo quiero, quiero, quiero abrazarte.

04. LLÉVAME VIENTO

Viento llévame a donde la bruma no pueda encontrarme
donde los pájaros canten y el agua me salve
Levanta mis piernas sacude mi cuerpo y canta, canta.

Viento álzame como a las hojas las besa el otoño
Susurra la voz de tu amor que despierta muy hondo
Baila conmigo, baila conmigo ligero, ligero.

Viento hoy necesito un abrazo que rompa el hielo
Viento hoy necesito tu canto que andaba lejos.

Viento llévame a donde la bruma no pueda encontrarme
donde los pájaros canten y el agua me salve
Levanta mis piernas, sacude mi cuerpo y canta, canta.

Viento álzame como a las hojas las besa el otoño
Susurra la voz de tu amor que despierta muy hondo
Baila conmigo, baila conmigo ligero, ligero.

Viento hoy necesito un abrazo que rompa el hielo
Viento hoy necesito tu canto que andaba lejos.

Viento hoy necesito un abrazo que rompa el hielo
Viento hoy necesito tu canto que andaba lejos.

Viento hoy necesito un abrazo que rompa el hielo
Viento hoy necesito tu canto que andaba lejos.

05. EL LUGAR CORRECTO

Perdona que me tuve que ausentar por un momento
tenía una cita que atender conmigo misma
Había olvidado cómo ver en un espejo
en mi rostro, en mis ojos, lo que habita en mi universo.

Perdona si lloré, lloré y lloré mientras bailaba
tenía dolores viejos que atender de aquel pasado
Entonces regresé a ese silencio necesario
para escuchar el corazón hablar de la verdad.

De la verdad que son esos atardeceres
De la verdad que brilla en el tiempo presente
De la verdad que hay en aquellas simples cosas como respirar.

Perdona que me tuve que ausentar por un momento
había una flor secándose dentro de casa
Tenía olvidado cómo hacerle compañía
a la soledad de mi viejo jardín de Veracruz.

Perdona si lloré, lloré y lloré mientras bailaba
tenía dolores viejos que atender de aquel pasado
Entonces regresé a ese silencio necesario
para escuchar el corazón hablar de la verdad.

Y el lugar correcto es el ahora para caminar
El lugar correcto es el ahora, no hace falta más.

Y el lugar correcto es el ahora para caminar
Y el lugar correcto es el ahora, no hace falta más.

Le lieu parfait est maintenant, pour se promener
Le lieu parfait est maintenant
Nous n'avons plus besoin de rien
Nous n'avons plus besoin de rien.

06. PAJARITO COLIBRÍ

Pajarito colibrí no tengas miedo de salir
hoy el mundo quiere que despiertes para ser feliz
Pajarito colibrí no tengas miedo de vivir
que la noche oscura y misteriosa baila para ti.

Cuando sientas que infinito el mundo se abre ante tus alas
dentro de tu pecho pierdas el aliento
pídele al cielo que te haga volar
Y si sientes vértigo en el vuelo
que se encienda el fuego dentro de tu pecho
pide al universo en tu ser entero dulce libertad.

Todo va a estar bien, pajarito colibrí
ya no tengas miedo de vivir
Todo va a estar bien, pajarito colibrí
tú llegaste al mundo para ser feliz.

Hoy los valles, bosques y montañas quieren verte ir
Hoy senderos, mares y las nubes velarán por ti
Si de amores andas sollozando sin poder dormir
sólo canta, quiebra la garganta es hora de partir.

Cuando sientas que infinito el mundo se abre ante tus alas
dentro de tu pecho pierdas el aliento
pídele al cielo que te haga volar
Y si sientes vértigo en el vuelo
que se encienda el fuego en tu movimiento
pide al universo en tu ser entero dulce libertad.

Todo va a estar bien, pajarito colibrí
ya no tengas miedo de vivir
Todo va a estar bien, pajarito colibrí
tú llegaste al mundo para ser feliz.

Bien, pajarito colibrí
ya no tengas miedo de vivir
Todo va a estar bien, pajarito colibrí
tú llegaste al mundo para ser feliz.

07. MARÍA LA CURANDERA

Inspirado en la mujer medicina María Sabina y el poema
"Consejos de la Abuela Doctorcita" de Alejandra Padilla

Cúrate mijita el dolor con nuestra luz del sol y los rayos de la luna
Cúrate mijita el dolor con el sonido del río, la cascada y la espuma
Con el vaivén del mar que va y viene deja que te agarre
Con el vaivén del mar que va y viene deja que te ame
Cúrate mi niña con las hojas de la menta y la hierba buena
Ponle amor al té en lugar de azúcar toma y mira las estrellas.

Cúrate mijita el dolor con nuestra luz del sol y los rayos de la luna
Cúrate mijita con los besos que te sopla el viento
los abrazos de lluvia
Con el vaivén del mar que va y viene deja que te agarre
Con el vaivén del mar que va y viene deja que te ame
Cúrate mi niña con amor del más bonito
Enciende el fuego, entrega tus dolores
Que se vuelvan polvo y vengan nuevas flores.

Que se vuelvan polvo, que se vuelvan polvo todos los dolores
Que los queme el fuego, que los queme el fuego y vengan nuevas flores
Que se vuelvan polvo, que se vuelvan polvo todos los dolores
Que los queme el fuego, que los queme el fuego y vengan nuevas flores.

Cúrate mijita el dolor con el calor del sol y el frío de la luna
Endulza la mañana con aroma de lavanda, romero, eucalipto
y que venga la calma
Con el vaivén del mar que va y viene deja que te agarre
Con el vaivén del mar que va y viene deja que te ame
Cúrate mijita con amor del más bonito, haga caso a la intuición
Mire el mundo entero con el ojo aquel que lleva usté en la frente.

Cúrate mi niña con amor del más bonito
Y recuerda siempre que tú eres la medicina
Cúrate mi niña con amor del más bonito
Y recuerda siempre que tú eres la medicina.

Que se vuelvan polvo, que se vuelvan polvo todos los dolores
Que los queme el fuego, que los queme el fuego y vengan nuevas flores
Que se vuelvan polvo, que se vuelvan polvo todos los dolores
Que los queme el fuego, que los queme el fuego y vengan nuevas flores.

08. CAMINAR BONITO

Qué bonito saber que si lejos me voy
cuando yo regrese
en la casa estarán todas esas canciones
que nos aprendimos.

Qué bonito es tener tanta seguridad
de que en la distancia
aunque lejos estés tan cerquita te siento
en las madrugadas.

Y agradezco saber que en la vida mi amor
caminar bonito
es algo que deseo, regresar siempre a casa
para estar contigo.

Y agradezco entender una humilde elección
caminar bonito
Cada día yo elijo, pues la vida son montañas que yo quiero atravesar juntitos.

Qué bonito es saber que si lejos me voy
cuando yo regrese
un abrazo estará esperando en silencio
hasta que despierte.

Esos tragos amargos, esos días nublados, algunos tropiezos
caminando a tu lado
se convierten en viento abrazando mi cuerpo y ahí volamos.

Y agradezco saber que en la vida mi amor
caminar bonito
es algo que deseo regresar siempre a casa
para estar contigo.

Y agradezco entender una humilde elección
caminar bonito
Cada día yo elijo, pues la vida son montañas que yo quiero atravesar juntitos
Cada día yo elijo, pues la vida son montañas que yo quiero atravesar juntitos
Cada día yo elijo, pues la vida son montañas que yo quiero atravesar juntitos.

09. MI MANERA DE QUERER

En mi manera de querer
hay algo chiquito
En mi manera de querer
hay besos de amor
Que si los pruebas hasta en la noche te saben rico
Así poquito a poquito enamoro tu corazón.

En mi manera de querer
no hay maquillaje
En mi manera de querer
no hay filtros ni error
Es algo simple pero profundo
Amor sincero que en este mundo
ya no me importa si se comprende amor te doy.

Es cariño lindo, cariño vivo que yo te doy
Es tan inocente como los acordes de esta canción
Es agüita pura que de los pétalos de una flor
trae la primavera en esta melodía que canto hoy.

No me importa si eres hombre o si eres mujer
yo te veo como un ser de luz de cabeza a los pies
No me importa si eres hombre o si eres mujer
yo te veo como un ser de luz de cabeza.

Es cariño lindo, cariño vivo que yo te doy
Es tan inocente como los acordes de esta canción
Es agüita pura que de los pétalos de una flor
trae la primavera en esta melodía que canto hoy.

No me importa si eres hombre o si eres mujer
yo te veo como un ser de luz de cabeza a los pies
No me importa si eres hombre o si eres mujer
yo te veo como un ser de luz de cabeza a los pies
No me importa si eres hombre o si eres mujer
yo te veo como un ser de luz de cabeza a los pies
No me importa si eres hombre o si eres mujer
yo te veo como un ser de luz de cabeza.

10. MUERTE

Le doy gracias a la muerte
por enseñarme a vivir
por invitarme a salir
a descifrar bien mi suerte
Tomando mi mano fuerte
llenándola de vida
es como del mal me cuida
porque al presente me aferra.

Después de morir mi guerra, hoy renazco agradecida
Después de morir mi guerra, hoy renazco
agradecida.

Le doy gracias a las flores
al aroma del jazmín
por invitarme al jardín
donde se lloran dolores
Tomándome los licores
sagrados de nuestra tierra
la pena por fin se entierra
y a la alegría me doy.

Podría no saber quién soy, mas no caerme me aterra
Podría no saber quién soy, mas no caerme
ay eso sí que me aterra.

Muerte, de haber mirado a la muerte
es que hoy camino la vida con la fe y el alma encendida
Muerte, de saludar a la muerte
es que hoy valoro el amor, que nace en mí para siempre.

Palmeras cañaverales
las playas de Veracruz
le dieron fuerza a la luz
que había perdido a raudales
En polvo de minerales
y estrellas me convertí
y el cielo que descubrí
hoy me deslumbra de vida.

Bailé tan agradecida que a Dios mi muerte ofrecí
Bailé tan agradecida que a Dios mi muerte
le ofrecí
Muerte, de haber mirado a la muerte
es que hoy camino la vida con la fe y el alma encendida
Muerte, de saludar a la muerte
es que hoy camino la vida con la fe y el alma encendida
Muerte, de haber mirado a la muerte
es que hoy camino la vida con la fe y el alma encendida
Muerte, de saludar a la muerte
es que hoy valoro el amor, que nace en mi para siempre.

Bailé, bailé, bailé tan agradecida que a Dios mi muerte,
a Dios mi muerte le ofrecí.

Le doy gracias a la vida, le doy gracias a la muerte por enseñarme a vivir.

Le doy gracias a la muerte por enseñarme a vivir.

11. CANTA LA ARENA

Canta la arena tan bonito cuando bailo con ella
Escucho la corriente, cómo va y viene
Si me besa el mar, todita ya me tiene.

Juega la caracola con su amiga la bella ola
si me canta el son que nace aquí en la playa
siento el corazón, no quiere que me vaya.

Alma de marinero que se huele por estos vientos
si me dice niña qué anda haciendo aquí
no le respondo na´ no más le guiño así.

Isla de los encantos, los encuentros afrodisiacos
si me arrastra el río a donde empieza el mar
me dejo dar los besos de ese hermoso par.

Y cuando cae la noche con sus ojos tan estrellados
se me va el aliento, entro en un furor
yo solo quiero ser la dueña de su amor.

La dueña de su amor
un velerito donde el sol durmió
La dueña de su amor
que trajo en la marea esta canción.

La dueña de su amor
un velerito donde el sol durmió
La dueña de su amor
que trajo en la marea esta canción.

Canta la arena tan bonito cuando bailo con ella
Escucho la corriente, cómo va y viene
Si me besa el mar, todita ya me tiene.

Si me besa el mar, si me besa el mar
todita ya me tiene, si me besa el mar.

12. QUE TE VAYA BONITO NICOLÁS

Que te vaya bonito Nicolás, a donde quiera que lleves tu vuelo
en la tierra seguiremos trabajando y celebrando tu camino por el campo
Que te vaya bonito Nicolás, no tengas miedo de dejarnos en silencio
que la noche y el rocío te abrazaron y la luz de nuestras velas te ha llevado.

Hoy las aves y los pájaros cantando
hacen círculos de danza en el aire
Van llevándose tu alma en una fiesta
donde los ríos cantan y Pacha Mama baila.

Nicolás que las olas rompan
que se lleve el viento nuestro llanto y dolor
Nicolás que tormentas caigan
y en las estrellas te encontremos por favor.

Que te vaya bonito Nicolás, a donde quiera que lleves tu vuelo
en la tierra seguiremos cultivando ese amor para vivir que tú has sembrado
Que te vaya bonito Nicolás, no tengas miedo de cruzar la puerta
pues los dioses, los maestros de esta tierra
reclamaron a este mundo tu presencia.

Hoy las aves y los pájaros cantando
te reciben más allá en el infinito
Mientras tanto aquí nosotros en el nido
cuidaremos tu memoria en regocijo.

Nicolás que las olas rompan
que se lleve el viento nuestro llanto y dolor
Nicolás que tormentas caigan
y en las estrellas te encontremos por favor.

Que te vaya bonito Nicolás
Que te vaya bonito Nicolás
Que te vaya bonito Nicolás
Que te vaya bonito Nicolás.

14 - Nov. 21

arreglos de cuerdas.
aporito colibrí.
interludio musical.   Marck Ribot
ad. textura sonora.   los cuatro haciendo armonicos notas pedal.
ojo
Verso acorde sientas. | | | |
Nota   melodia   Todos
pedal   viola   melodia
impulso   pitzicato   Chello.
de vuelo   con respuestas   Canon.

S TE VAYA BONITO NICOLAS. |
final entra la cuerda y da pie a la intro del DISCO
de vaya.   pitzicatos.

PENDIENTES   20/NOV/21

⊛ Pedir mi guitarra electrica y pedalera
⊛ Pedir mas lamparas magicas y luces fiesta.
⊛ Ver con los musicos de xalapa si hacemos
    fiesta de cierre para disfrutar disco completo.
⊛ Pedir yamaha prestadas las Bocinas
⊛ Sillas de madera de la Ceiba Grafica
⊛ Vestuarios de los musicos ...P vida.

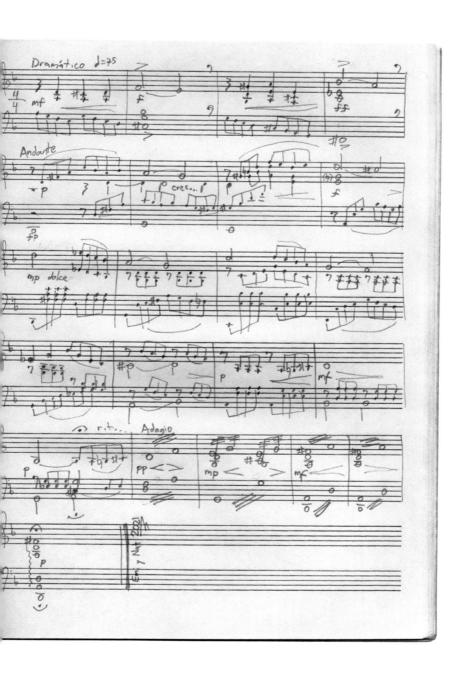

En y Nat 2021

Primeros días de estudio
Sonic Ranch Tornillo Texas / 21

the band must be the house.

A.

1- VINE SOLITA
Natalia Lafourcade

A este mundo vine solita
Solita me voy a morir
Cuando camino solo respiro
Percibo conmigo valientes mis pies
Persigo conmigo valiente mis pies

En este mundo no entiendo la guerra
La guerra de adentro de mi o de ti
Llega la noche apago la luz y en la oscuridad
Sigo soñando con despertar, con despertar
Sigo soñando con despertar, con despertar

. PUENTE
Aunque pal mundo soy invisible
Yo siento marea que danza agitada en mi piel
Y al viento entrego todas mis penas
Si lloro violento soy rio hasta el amanecer
Si lloro violento soy rio hasta el amanecer
Si lloro violento estoy viva hasta el amanecer

En cada día estoy naciendo
En cada día estoy partiendo de mi
De mi me aferro a la vida
De mi me aferro a la vida
De mi me aferro a la vida
De mi me aferro a la vida...

A este mundo vine solita   → Silencio
Solita me voy a morir
A este mundo vine solita
Me aferro a la vida antes de morir...
Me aferro a la vida antes de morir...

AGUA
EQ PIANO

Repeso

Bridge.

Solit.

I came by myself
I came alone to.

I came to this world alone.
and I will die alone
when I walk I breath.
I perceive the valenty of my feet within
I perceive the valenty of my feet within

In this world I do not understand the war
the war inside myself
the war inside yourself
the night arrives, turn down the light
in the darkness
I keep dreaming about waking
keep dreaming about waking up

Though. I'm invisible to the world.
I feel like the Sea, dances within my body-
So I give my pain to the wind
If I stay violent cry I became
river until the sunrise
If I violent cry I became
river until the sunrise
I'm getting born every day
I'm getting in every
I'm parting every day
I cling to life for myself
I cleang to life for myself
I cleang to lif for myself
Solita.

avoitan

I came by my feel
to this world by myself
and I will die all alone
I came to this world by myself
I cleang to life for myself.

53

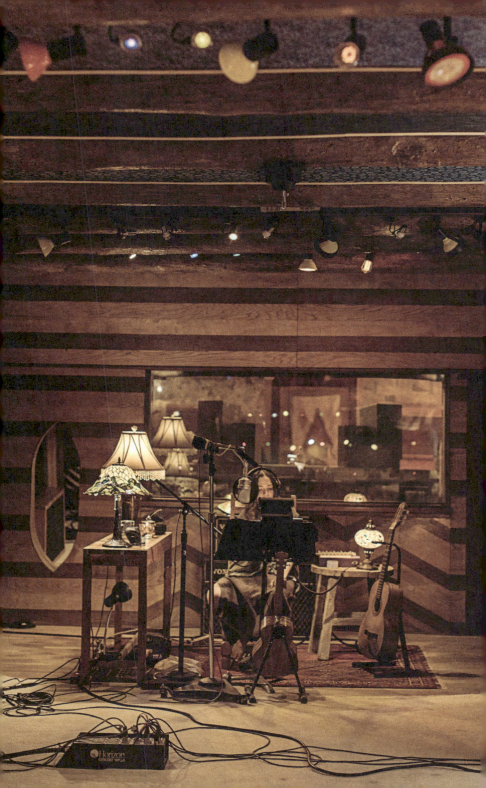

DE TODAS LAS FLORES.

esta canción me hace pensar
en un tren. q va·una historia q
toda sucede en un tren. y las cosas q
suceden. en ese tren. Ese tren de Toledo
donde no paraba de llorar.

El encierro de los recuerdos en un tren

Solo QUIERO AMARTE.

EN esta cancion al final
comenzamos a ~~partir la depresi~~
comienza sanacion.

• me hizo recordar ese momento en q yo no tenia
energia a mi gato Joaquin vino conmigo al
piso. para acompañarme. Estaba totalmente rota no
tenia fuerza. me quedé en el sol con mi gato.

• En casa la Tuna se quedó sola conmigo
recuerdo. recorrer todas las habitaciones. en agonia y
llanto. Aquí me habria quedado sin ellos dos. y los amo
a ambos. la casa estaba sola y habria fantasmas
dos fantasmas a mi lado.

Para el video Imagino la perra en el suelo rodeada
la mujer de gatos. que la acompañan la consuelan.

SOLO AMARTE

Natalia Lafourcade

PASAN LOS DÍAS Y SIGO PENSANDO EN TI
PASAN LAS HORAS NO ME LOGRO DESPRENDER
ES TAN ABSURDO IMAGINAR Q' NUESTRO AMOR
NO ES SUFICIENTE PARA HACERNOS REGRESAR

PASA LA VIDA Y SIGO PENSANDO Q'
TENÍAMOS TODO PARA HACERNOS MUCHO BIEN
Q LA DISTANCIA NO PODÍA DESTRUIR
AQUEL ESPACIO CONSTRUIDO EN LA ILUSIÓN

Y DIME COMO HAGO PARA RESPIRAR
EN ESTE MUNDO TAN VACÍO Q' QUEDA EN MÍ
DONDE HA QUEDADO AQUEL ENCUENTRO ENTRE LOS DOS
TE LO SUPLICO NO LO OLVIDES ENCANTO PORFAVOR.

PUENTE

PASAN LOS DÍAS Y SIGO PENSANDO EN TI.

PASA LA VIDA

Y DIME COMO HAGO.

CORO

YO SOLO QUIERO QUERERTE, YO SOLO ABRAZARTE
EN ESTE UNIVERSO LOCO MIRARTE CRECER Y PARA SIEMPRE AMARTE.

X [4]

AUTRO

PARA SIEMPRE AMARTE.

EL AMOR CON EL VIENTO ó VIENTO NL

VIENTO
llevame a donde la bruma no pueda encontrarme
donde los pajaros canten y el agua me salve
levanta mis piernas sacude mi cuerpo y canta y canta

VIENTO
alzame como a las hotas las besa el otoño
susurra poemas de amor que despierten muy hondo
baila conmigo, baila conmigo ligero, ligero

    VIENTO. Hoy necesito un abrazo q' rompa el hielo
    VIENTO. Hoy necesito tu canto q' andaba letos

HAGAMOS EL AMOR EL AMOR
HAGAMOS EL AMOR EL AMOR EL AMOR COMO EL FUEGO Y EL

    VIENTO.

HAGAMOS EL AMOR EL AMOR
HAGAMOS EL AMOR EL AMOR EL AMOR COMO EL FUEGO Y EL

    VIENTO.

4-LLÉVAME VIENTO
Natalia Lafourcade

Viento llévame a donde la bruma no pueda encontrarme
Donde los pájaros canten y el agua me salve
Levanta mis piernas sacude mi cuerpo y canta, canta...

Viento álzame como a las hojas las besa el otoño
Susurra la voz de tu amor que despierta tan hondo
Baila conmigo baila conmigo ligero, ligero

Viento hoy necesito un abrazo que rompa el hielo
Viento hoy necesito tu abrazo que andaba lejos

Viento llévame a donde la bruma no pueda encontrarme
Donde los pájaros canten y el agua me salve
Levanta mis piernas sacude mi cuerpo y canta, canta...

Viento álzame como a las hojas las besa el otoño
Susurra la voz de tu amor que despierta tan hondo
Baila conmigo baila conmigo ligero, ligero
Viento hoy necesito un abrazo que rompa el hielo
Viento hoy necesito tu abrazo que andaba lejos

Handwritten annotations:

PIANO INTRO - cuerpo - es la mentira -
Escuchar un poco + el aire de los saxos.

PIANO

efectos de esto puede dar + cuerpo densidad.

comienza Viento de Saxofones

Saxos Graves + vol

Cuando regresa del puente regresa (piano)

CANTO

Saxos Graves

Subir trozo de contrabajo.

PUENTE.
efecto de ... paneo derecha Izquierda.
Viento hoy necesito un (abrazo)
piano ——— al centro.

pad - saxos
subir algunas
melodías y
alimentan la
armonía.

0/6 chiflido Cyril al
final.
Viento → Sax añadido
entra muy
fuerte.
Trompeta Final.

67

Perdona q' me tuve que ausentar por un momento.
tenía una cita q' atender conmigo misma.
Había olvidado como ver en un espejo.
En mis ojos, en mi cielo, lo q' habita en mi mirada.

Perdona si lloré, lloré y lloré mientras bailaba
tenía dolores viejos q' atender de aquel pasado.
Entonces regrese a ese silencio necesario.
"para escuchar el corazon hablar de la verdad " (B)
de la verdad q' son esos amane
donde el sol y la sombra con sus bocas se tocan
de la verdad q' son aquellas cosas simples.
Respirar el perfume del jazmin que vi crecer
                                    pude ver ↗

Perdona q' me tuve q' ausentar por un momento
había una flor secandose dentro de mi alma
tenía q' llevar mi cuerpo a donde   de la verdad q' son esos amaneceres
aguas saladas   de la verdad brilla en el tiempo
                                      de la verdad q' son aquellas presente
Había olvidado como hacerte   simples cosas hay en
compañía a la Soledad.   aquellas simples cosas
                                  F.Mayor. Como respirar..
                                                        o——

Agradezco saber que estoy en el lugar correcto.
   tenía q' llevar mi cuerpo a donde el ciclo
   lunar me lo dijera. ↗

   y la verdad q' son aquellas simples cosas.

Un día decidí perseguir a la luna   estoy en el lugar
en el mar.   correcto.

                                    12- Agosto -20

Adan
Veracruz / 22

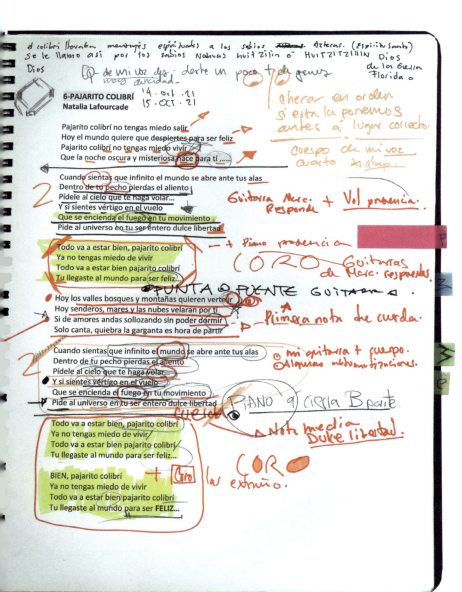

el colibrí llevaban mensajes espirituales a los sabios ~~Mayas~~ Aztecas. (Espíritu Santo)
se le llamó así por los sabios Nahuas huitzilin o HUITZITZILIN Dios
Dios

Q- de mi voz des- dirte un poco t de genus   de la Guerra
    mas divinidad.   Florida o

6-PAJARITO COLIBRÍ
Natalia Lafourcade

14 · oct · 21
15 · OCT · 21

checar en orden
si esta la ponemos
antes a lugar correcto.

Pajarito colibrí no tengas miedo salir
Hoy el mundo quiere que despiertes para ser feliz
Pajarito colibrí no tengas miedo vivir
Que la noche oscura y misteriosa nace para ti ......

cuerpo de mi voz
cuarto ss algo...

Cuando sientas que infinito el mundo se abre ante tus alas
Dentro de tu pecho pierdas el aliento
Pídele al cielo que te haga volar
Y si sientes vértigo en el vuelo
Que se encienda el fuego en tu movimiento
Pide al universo en tu ser entero dulce libertad

Guitarra Marc. + Vol presencia.
Responde

Todo va a estar bien, pajarito colibrí
Ya no tengas miedo de vivir
Todo va a estar bien pajarito colibrí
Tu llegaste al mundo para ser feliz...

— + Piano presencia
CORO Guitarras
de Marc. respuestas.

PUNTA O PUENTE GUITARRA.

Hoy los valles bosques y montañas quieren verte ir
Hoy senderos, mares y las nubes velaran por ti
Si de amores andas sollozando sin poder dormir
Solo canta, quiebra la garganta es hora de partir

P—Primera nota de cuerda.

Cuando sientas que infinito el mundo se abre ante tus alas
Dentro de tu pecho pierdas el aliento
Pídele al cielo que te haga volar...
Y si sientes vértigo en el vuelo
Que se encienda el fuego en tu movimiento
Pide al universo en tu ser entero dulce libertad

⊙ mi guitarra + cuerpo.
Algunas instrumentizaciones.

PIANO 9 cierra B parte.

cuelga

Todo va a estar bien, pajarito colibrí
Ya no tengas miedo de vivir
Todo va a estar bien pajarito colibrí
Tu llegaste al mundo para ser feliz...

Nota media
Dulce libertad.

BIEN, pajarito colibrí
Ya no tengas miedo de vivir
Todo va a estar bien pajarito colibrí
Tu llegaste al mundo para ser FELIZ....

+ Coro las extraño.
CORO

mi casa Veracruz.
la Grupa Creativa / 21

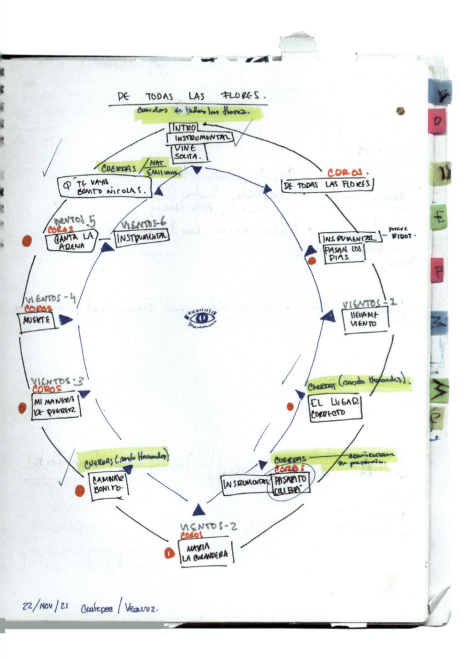

DE TODAS LAS FLORES.

cuerdas de todas las flores.

INTRO
INSTRUMENTAL
VINE
SOLITA.

CUERDAS / NAT
EMILIANO

Q' TE VAYA
BONITO NICOLÁS.

COROS.
DE TODAS LAS FLORES

VIENTOS 5
COROS
CANTA LA
ARENA

VIENTOS-6
INSTRUMENTAL

INSTRUMENTAL
PASAN LOS
DÍAS

merc
RIDOT

VIENTOS-4
COROS
MUERTE

VIENTOS-1
LLÉVAME
VIENTO

VIENTOS-3
COROS
MI MANERA
DE QUERER

CUERDAS (nando Hernández).
EL LUGAR
CORRECTO

CUERDAS (nando Hernández)
CAMINAR
BONITO.

CUERDAS
COROS
INSTRUMENTAL PAJARITO
COLIBRÍ

bienvenidos
se presenta.

VIENTOS-2
COROS
MARÍA
LA CURANDERA

22/NOV/21   Coatepec / Veracruz.

83

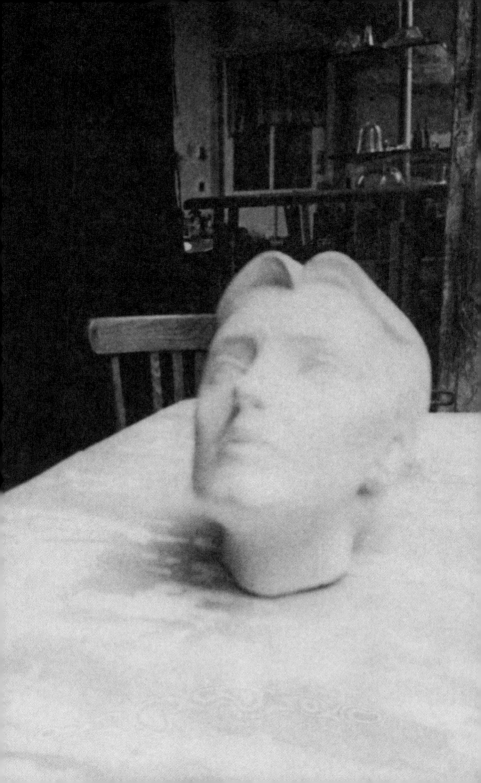

ESPECIES COMPAÑERAS

Una charla entre Elvira Liceaga y Natalia Lafourcade

Nunca antes habías hablado de los procesos, ¿por qué ahora decidiste pensarlos, documentarlos, articularlos y compartirlos como una pieza, como si fueran otras canciones?

Con el paso del tiempo me he encariñado mucho con los procesos, los encuentro interesantes, cada uno tiene sus matices. Hacer este disco me permitió atravesar etapas que eran necesarias y que me entregaron muchas enseñanzas poco a poco, a su ritmo. Irme a mi casa después de muchos años de estar viajando, y tener la oportunidad de encontrarme de nuevo con mi mundo, no fue algo que logré de la noche a la mañana. Siento que celebrar el proceso me permite desmenuzar ese pasado en el tiempo presente. Posiblemente también tiene mucho que ver lo difícil que es para mí soltar cada proyecto que logro terminar. La añoranza, las ganas de que la magia no se termine. Esa etapa de la introspección, que se vive en los procesos creativos, en un punto solo me pertenece a mí, después a la gran familia de colaboradores que me acompañan en el viaje, hasta que eventualmente la música se tiene que terminar y compartir con la audiencia. Soltar y simplemente dejarla ir es muy difícil.

Compartir el proceso de esta manera me hace sentir como si estuviera invitando a mi público un ratito a ese jardín que pude reconstruir. Amar los procesos me ha enseñado a no correr tanto y a tener paciencia. Hay un punto en que la música muestra su propio espíritu y su propia fuerza. Me encanta cuando eso sucede. Hoy honrar el proceso me permite recordar la importancia del silencio, de ir paso a paso, de respirar hondo, y de confiar en la voz de mi música. Cuando el proyecto se termina surgen otro tipo de etapas y, en consecuencia, nuevos procesos. Lo miro como un juego que nunca termina.

Normalmente pasamos por los procesos sin estar presentes en ellos. ¿Cómo cambió para ti el proceso al hacerlo consciente y al pensarlo para documentarlo?

Fue y sigue siendo bastante enriquecedor. Me ha demandado estar despierta, atenta y ser muy consciente de cada cosa que se va haciendo. En esta ocasión tenía ganas de hacer un disco al mismo tiempo que nos acompañaba una cámara y cada tantos días tenía conversaciones con mi familia musical para poder registrar la historia detrás de cómo se hizo este disco y eventualmente alimentar los episodios del pódcast. En el pasado, después de liberar algunas producciones discográficas o canciones, he vivido la etapa de promoción para hablar de mi música y discos con mucha intensidad. Son momentos en que toca hablar de lo que hiciste, pero casi siempre en los lugares donde te presentas la gente tiene prisa y la tendencia es contarlo todo en cinco, diez o veinte minutos. Pocas veces hay chance de mirarse a los ojos, de conectar en otros niveles, de estar un poco más tranquilos, como si fuera una charla de sobremesa.

Hoy en día la industria musical exige una cantidad de contenido abismal. Para mí, en esta ocasión, era importante cerrar las puertas de mi espacio creativo para generar mucha intimidad entre quienes estuvimos trabajando la música. Entonces busqué hacer un equipo pequeño, sin olvidar que en algún momento esta historia sería compartida. Pedí a mis managers no presentarse en el estudio, también a mi disquera que confiara en mí y me diera chance de avanzar sin escuchar opiniones. Agradezco su confianza y respeto. Ya en el día a día, siempre tuve presente lo mucho que quería cruzar el puente. Traté de pensar en una forma distinta de contar la historia de cada canción y así fue como imaginé hacer los proyectos hermanos de *De todas las flores*: un pódcast documental, un libro y una película, probablemente. Lo que no imaginé nunca fue la cantidad de trabajo que esto implicaría. Hacerlo ha cambiado mi vida, esta perspectiva me permite estar mucho más presente en cada etapa y conocerla más a fondo.

Este libro, el pódcast y el documental acompañan al álbum y componen un mosaico naturalmente incompleto. ¿Cuál es la importancia del misterio para ti?

El misterio es muy importante. Es imposible saberlo todo. Hoy en día la tendencia es mostrar cada detalle de la cotidianidad: vivir para contarlo. Siempre se tiene que contar la historia que hay detrás y esto suele abrumarme. Me pregunto:

¿por qué?, ¿para qué saber todo de otras personas si son tan bellos el misterio, la sorpresa?

En el misterio hay una parte del todo que siento que fortalece la esencia de lo que sucede y lo hace más profundo e interesante. Me provoca entonces analizar cada detalle, cada pista, despierta la curiosidad y la intriga en mí. Vuelve al proceso en ese jardín secreto al que solo unos cuantos pueden entrar. Quizás esto es totalmente lo opuesto de lo que estoy haciendo con los contenidos de los proyectos hermanos del disco. De alguna manera, el gusto por el misterio me permitió hacer un balance, pues decidí no compartir mucho de mi intimidad en el camino de lograr este álbum y más bien guardarlo todo para este momento en que toca liberar la música y contar un poco de dónde viene. Algo que disfruto presenciar es la conexión que ahora existe entre todos los proyectos y cómo cada uno te da un ángulo distinto. Es muy personal, encontré mi propia manera de contar la historia.

Para mí es muy interesante y hermoso ver que, aunque el origen de tu trabajo es muy íntimo y personal, el proceso de grabación fue muy colectivo. ¿Qué significa para ti compartir y colaborar con otros?

La colaboración es la celebración del proceso en sí. En un momento ya no puedo continuar más sola, pero primero sí me toca buscar profundo dentro de mí y encontrar el qué. Después viene una etapa de ir sembrando la semilla, cuidarla, regarla, descubrir su esencia, mirar en las raíces y ver qué hay ahí adentro. Luego, inevitablemente, llega el momento de colaborar para alcanzar otros resultados. Hacerlo me ayuda a crecer y a tomar fuerza, a disfrutarlo, a llenar el vacío con sueños, risas y momentos hermosos. Amo la soledad de la búsqueda y también amo el trabajo en equipo. Siempre me sorprendo de los resultados y las posibilidades infinitas.

Para mí la colaboración es parte fundamental de la materialización de un proyecto, de un sueño o de un deseo; es dejar que otros enriquezcan mi mundo con sus talentos y me permite disfrutar justamente del proceso y hacerlo un viaje ameno, tomando en cuenta que siempre tendrá sus fuerzas y contrafuerzas.

Me has contado que una de las promesas que te hiciste para grabar el disco era pasarla bien. ¿Qué tan difícil fue para ti soltar el control al grabar en cinta magnética?

Grabar en cinta era un sueño pendiente que tenía. Es uno de los formatos de grabación más antiguos que hay y hoy en día son pocos los que lo hacen de esta manera. Grandes artistas a quienes admiro grabaron en su momento en cinta magnética. Soltar el control es muy difícil, pero tuve la posibilidad de hacerlo y como estaba en las mejores manos no resultó tan complicado. En esta ocasión tenía como acompañantes a músicos y músicas increíbles. La presencia de Adan Jodorowsky como coproductor del disco me daba mucha confianza. Seleccionamos las canciones con mucha cautela y entonces lo único que teníamos que hacer era ponernos al servicio de la música. Había que permitir que viniera de nosotros, encontrar la intimidad y la magia, buscar en las profundidades sin miedo. Fue hermoso. Se sentía adrenalina en cada toma que grabábamos. Estábamos todos en el mismo cuarto grabando juntos sin haber ensayado demasiado, tocando por primera vez en ese formato de banda y permitiendo que las canciones nos hablaran.

Perder el control nos regaló el llegar a lugares muy interesantes como la improvisación en varias ocasiones. También siento que todos, a nuestra manera, íbamos preparados y eso ayudó. En mi caso, aprender lo más que pude las canciones en guitarra me permitió borrar la mente a la hora de interpretarlas y concentrarme más bien en las palabras y el canto. Con Emiliano me tocó trabajar mucho los arreglos de ciertas partes de las canciones y él les ayudó a los demás a tener confianza con los acordes. Lo demás fue tejer mundos, tirarnos a las profundidades, buscar, leernos: encontrar la música.

¿Qué es un campo musical y cómo lo imaginaste para grabar este disco?

Mi deseo era hacer un disco que nos hiciera olvidar el tiempo: una pieza musical que nos llevara lejos, a mundos llenos de sorpresas donde los acordes y las melodías nos regalaran sanación y felicidad. Quería un campo libre, lleno de misterio, de magia. Buscaba evocar la energía de la naturaleza, ser fiel al espíritu de las canciones y seguir mi instinto.

Musicalmente, exploramos mucho. Esta vez quise tocar mi guitarra de nailon casi en todas las canciones, así como mi pequeño cuatro. A diferencia de otros discos, me aferré a mis instrumentos acústicos. Marc Ribot trajo un universo infinito de texturas y tintes con la guitarra eléctrica. Emiliano Dorantes jugó un papel muy importante porque su mundo, que es la música clásica, se vio reflejado en el mío mientras jugábamos y explorábamos. Sebastian Steinberg es un ser hermoso, un alma vieja —siempre lo dijimos con Adan—, su toque le daba tierra a todo lo que hacíamos, le daba toda la buena vibra. Cyril Atef trajo el ritmo del trance, un terreno sólido para la improvisación y el juego. Experimentamos con ramas, con agua y con semillas, en fin, todo se valía. La consigna era ser libres e ir juntos con una sensibilidad despierta, y Adan era el primero en empujarnos a los lugares más inesperados.

La parte técnica es muy importante, si se resuelve bien queda un campo limpio para jugar. El reto es lograr que nada interrumpa el momento sagrado de conectar y bajar la información. Para mí, el encuentro y la conexión son muy importantes. Hay que concentrarse y estar presentes, totalmente entregados a ese momento que en realidad pasa muy rápidamente y en el que se siente como si el tiempo no existiera.

Este disco habla de la reinvención y de que la única manera de hacer ese proceso es entrar profundamente a uno mismo. Creo que llega un momento en la vida en que no puede ser de otra forma. ¿Cuáles son las enseñanzas más preciadas de este tránsito desde la grieta hasta el jardín y el otro lado de ti misma?

La vida es atravesar cada proceso, por mucho que nos guste o no. Hay días de sol y días nublados. Recuerdo alguna vez preguntarme cómo podría quitar tantas piedras de mi montaña para sentir que camino más libre, hasta que vino el momento, literal, de caminar en las montañas de Perú y de darme cuenta de que es imposible quitar las piedras; más bien se aprende a caminar sobre ellas y eso trae muchas enseñanzas si se abre el corazón, se confía y uno se mantiene fuerte.

Con las enseñanzas de este viaje he aprendido la profundidad que hay en vivir el presente con calma y sin correr, también la importancia de tomar mi tiempo y respetar cada etapa. Cada vez que yo quería apresurar las cosas, este disco me empujaba de nuevo a la silla, a observar, tranquilizarme, respirar, habitar al máximo cada paso, cada etapa.

Ha sido un camino de amor propio infinito, no ha sido fácil y es algo que sigo aprendiendo. Las canciones nacieron en un momento en que me sentía rota. Estaba ilusionada y aferrada al ideal de amor en pareja que nos pintan. Cuando vives así y de pronto todo termina, pareciera que el mundo se acaba y no es así. Vienen oportunidades maravillosas de crecimiento.

Me tomé de mis propias manos, para nunca más soltarme. Aprendí a amarme y a saber que esto es algo que se cultiva a diario, y entonces las canciones fueron cambiando. En ellas fui encontrando mensajes clave para sanar el corazón y fortalecer las raíces. Siento que este disco será ese diario musical con toda esa información que contiene y que tanto me ha ayudado para continuar el viaje, al cual podré acudir en futuras etapas de mi vida. Ahora me hace feliz compartirlo.

¿Cómo fue tu aprendizaje en tus caminatas por la montaña? Para mí, como escucha de De todas las flores y observadora de tu proceso, uno de los aprendizajes más importantes es saber cómo entrar en sintonía con las frecuencias de la naturaleza. La cadencia de la tierra y los ritmos de las plantas y de las flores se apropian del cuerpo y una piensa, habla y crea respondiendo a esas fuerzas.

La montaña me llamó y yo venía llamándola a ella. Recuerdo estar de gira por ahí del 2017 y pararme en los escenarios con entusiasmo y respeto por la música, emocionada de encontrarme con mi público, siempre entregándolo todo. Dar conciertos es una de las partes que más disfruto de mi trabajo y servicio. Lo disfruto enormemente, hay momentos en que pasan cosas inexplicables, justo ahí está el misterio de mi quehacer. Son momentos de magia y expansión que me sorprenden y dejan saber que hay algo más.

Recuerdo que, estando parada en medio del escenario, cantando desde la raíz y lo más profundo de mi ser, empecé a tener visiones que no entendía muy bien de dónde venían. Veía montañas cuando cerraba los ojos, mi cuerpo se llenaba de escalofríos, comencé a sentir su presencia y su fuerza justo en esos momentos en los que la voz se hace una y la energía se funde en el todo. Esto me hizo sentir que tenía que caminar en la montaña, pero nunca lo había hecho y no sabía muy bien a dónde ir. Lo que sí sabía era que tenía que vivir esta experiencia sola, con mi mochila, en un contexto de tierra, naturaleza y la energía de la inmensidad. Surgió la oportunidad de viajar a Perú y visitar una de las montañas más sagradas de los Andes, el Ausangate. Esas caminatas fueron una gran enseñanza y me prometí volver en los siguientes años para seguir aprendiendo. Cuando te sales de lo conocido y te expones a diferentes formas de vida, aprendes mucho y pasan muchas cosas.

A la montaña se le pide permiso para entrar, ella demanda presencia en cada paso. Entras en otro tiempo, tu cuerpo se somete a situaciones que te vulneran. Entonces conectas con el presente, reconoces la humildad y la generosidad, y sientes amor. Aprendes de la paciencia, la calma, la perseverancia. La montaña se vuelve un espejo de lo que tú eres, y todo lo que te pasa internamente se refleja en la experiencia: si estás atento y abres el corazón, generas una conexión muy fuerte con ella, tanto que te habla. Estableces un vínculo con la Tierra, que es un todo infinito. Comprendes que eres muy pequeño y que, al mismo tiempo, lo que haces altera todo lo que está a tu alrededor.

Estos viajes fueron maravillosos y sin darme cuenta poco a poco iba componiendo canciones que correspondían a estas experiencias. Cada viaje fue confrontador y me regaló la posibilidad de cuestionar muchas cosas: ¿qué soy?, ¿qué quiero ser?, ¿para dónde van mis pasos y con qué fin? Inevitablemente todo sale a la superficie, atravesé tiempos de mucha introspección y agradecimiento profundo. Esta energía fue mi compañera y así fui escribiendo y organizando poco a poco todo, hasta que gran parte de estas vivencias se vieron reflejadas en mi música y en las canciones de este disco.

La portada del álbum es hermosa y enigmática, muestra una Natalia distinta a la de otros discos. ¿Cómo fue para ti misma verte así, en blanco y negro, en un estilo minimalista, sin ornamentos, con la cabeza de un hombre entre tus manos?

La idea original era usar las fotografías que hicimos de las grabaciones en el estudio, para mí eso era suficientemente mágico y enigmático. Pero ya acercándonos a la salida de *De todas las flores*, conversamos acerca de las fotos que, desde un ángulo más comercial, podrían funcionar mejor para promover el disco. Pensamos en un estilo más de retrato en donde se viera mi cara con un fondo liso para poder utilizar las fotos en diferentes plataformas digitales.

Llegó el momento de pensar cómo mostraríamos este mundo del otro lado del puente. Había que reaccionar rápido ante esta situación. Yo estaba en París mezclando mi disco y Adan me presentó a una amiga muy querida, Sonia Sieff, que resultó ser una gran fotógrafa. La invitó una tarde al estudio. Después de escuchar la música, ella me dijo que le gustaría mucho que trabajáramos juntas, y yo le propuse hacer las fotos para poder entregarlas a mi disquera y equipo de trabajo para promover el disco.

Según nosotras, haríamos algo muy sencillo, sin elementos que pudieran distraer, en donde me viera yo así como soy, sin artilugios de más. La idea era tener algo bueno para la prensa. Nunca imaginamos que la sesión que haríamos nos regalaría la foto de la portada. Sonia me propuso trabajar con film, de manera totalmente análoga, hablamos de hacer las fotos en blanco y negro. Por suerte, gracias a su trayectoria y contactos personales, pudimos conseguir el estudio del legendario Jacques Tati, cineasta y actor francés que es uno de los directores más reconocidos en el mundo del cine.

Teníamos que ser cuidadosas en este espacio, nos sentíamos como niñas chiquitas jugando en una casa llena de espíritus y elementos que seguramente Tati ocupó en alguna de sus películas. Intentábamos tener una sesión de fotos convencional, portarnos bien y no tocar nada, hasta que Sonia puso en mis manos la cabeza de un maniquí. Comencé a jugar con él, lo miré y sentí mariposas en el estómago. Las dos nos miramos con complicidad como si fuéramos dos niñas, sabiendo que ese momento revelaría algo importante. La energía llegó, se manifestaron la fuerza y el espíritu de este disco dejándonos saber que ese era el camino.

Rompí con lo que ya conocía para ahora llevarlo al espacio de lo escénico, lo teatral, lo que podría inclusive caer en el territorio de lo surrealista, o bien parecerse al momento de un sueño. Esa tarde exploramos, y yo volví a sentirme como una niña jugando en mi jardín. Unos días después vino el momento de mirar los negativos y claramente supimos cuál era la portada de este disco: una foto que dice todo y a la vez no dice nada, y que lo deja todo en manos del público. Ahora me permitía cruzar otro puente hacia un lugar en donde puede pasar de todo, ya que me gusta mucho incorporar elementos metafóricos y simbólicos en mis proyectos. Cuando mostramos las fotos a mi equipo, todos coincidimos en la elección de la portada, pero más allá de nosotros, era el disco mismo dictando lo que se tenía que hacer.

En *De todas las flores* se habla de la muerte, pero desde la celebración de la vida. En un mensaje me decías que necesitabas entender de qué se trata la tuya, pues la vida es un hilito que en cualquier momento se puede romper. Después de este viaje, ¿qué descubriste?, ¿han cambiado tus sueños?

Mi vida se trata de pasarla lo mejor posible, esto se dice muy fácil, pero ya en la práctica uno tiene que recordarlo. Son tiempos particulares y pasa de todo en el mundo. A veces el ritmo de trabajo puede enredarte y atar las alas de tu libertad. En este momento, para mí es muy importante estar despierta y presente, amar la simpleza, lograr acotar —el tan conocido menos es más—, saber elegir qué sí y qué no hacer, aprender e integrar el balance y el equilibrio, y volverlo parte de la cotidianidad. Soy joven y tengo mucho que aprender de las experiencias para conectar la sustancia, el espíritu y el alma de los momentos.

Mis sueños siguen siendo vivir plenamente los procesos que me hagan crecer, sentir viva, conectada con el universo, con la tierra y con seres humanos increíbles que me enseñan y ayudan a ser una mejor persona. Quiero entregar algo valioso al mundo y que lo que hago pueda ayudar a la evolución de otros, porque somos parte de un todo y estamos juntos y juntas. Intento ser lo más honesta posible y lo más fiel a mis principios. En cada momento de mi vida prometo amar lo que soy y lo que la vida me ha regalado. Me entrego a la música, que es mi religión y es mi maestra, y deseo poder colaborar para nutrir y fortalecer ese gran tejido que somos todos. Uno de mis tantos sueños es volver al escenario y cantar estas canciones con la gente linda, que tanto sentido le da a este libro. Me doy cuenta de que en realidad sigo soñando con lo que soñé desde los cinco años: MÚSICA.

COMPANION SPECIES

A chat between Elvira Liceaga and Natalia Lafourcade

You had never talked about processes before. Why did you decide to think, document, articulate and share them now as if they were other songs?

With time I have become very fond of processes, I find them interesting, and each one has its nuances. Making this album allowed me to go through stages that were necessary and that delivered many teachings little by little, at their own pace. Going back home after many years of traveling and having the opportunity to return to my own world is not something I achieved overnight. I feel like celebrating the process allows me to break down the past in the present. I think it probably has a lot to do with how hard it is for me to let go of every project I finish. The longing, the desire for the magic not to end. That stage of introspection that is experienced during creative processes at some point only belongs to me, and then to the great family of collaborators that are with me on the journey until we reach the end, and the music is shared with the audience. Simply letting go is quite difficult.

Sharing the process in this way makes me feel like I am inviting my audience for a little while into that garden that I was able to start again. Loving the process has taught me not to run so much and to have patience. There is a moment where music shows its own spirit and strength. I love it when that happens. Celebrating and honoring the process allows me to remember the importance of silence, of going step by step, breathing deeply, and trusting the voice of my music. When the project is finished, other types of stages arise and new processes begin. I look at it as a game that never ends.

We usually go through processes without being present. This time you were very aware of the process and how to document it. How did this change the process for you?

It was and still is quite enriching. I had to be awake and very aware of everything that was happening. This time I wanted to have a camera with us while we were making the album. Every other day I had conversations with my musical family to record the story behind how this album was made to eventually feed the podcast episodes. In the past, and after having released certain records or songs, I have lived the stage of promotion to talk about my music and albums with great intensity. Those are moments to talk about what you did, but almost everywhere you go, people are in a hurry and the tendency is to say everything in five, ten, or twenty minutes. There is rarely a chance to look into each other's eyes, to connect on other levels, to be a little quieter, as if we were having a conversation at the dinner table.

Today the music industry demands a huge amount of content. This time it was important for me to close the doors of my creative space and generate a lot of intimacy among those of us who were working on the music. I put together a small team knowing that this story would be shared at some point. I asked my managers not to show up at the studio and my record label to trust me and allow me to work without hearing opinions. I appreciate their trust and respect. I was constantly thinking about how much I wanted to cross the bridge and about a different way to tell the story of each song. I eventually imagined the sister projects of *De Todas Las Flores*: a documentary podcast, a book, and probably a movie. I never imagined the amount of work this would entail. Doing this changed my life, this perspective allows me to be much more present at each stage and get to know it deeply.

This book, the podcast, the documentary, and the album form a naturally incomplete mosaic. What is the importance of mystery to you?

Mystery is very important. It is impossible to know everything. Today the tendency is to show every detail of everyday life: living to tell it. You must always tell the story behind it, and this overwhelms me. I wonder why this is so, why know everything about other people if mystery and surprise are so beautiful?

In my view, mystery contains an essential part that strengthens the whole of what happens and makes it deeper and more interesting. It makes me analyze every detail, every clue, and it arouses curiosity and intrigue in me. It turns into that secret garden where only a few people can enter. Maybe this is completely the opposite of what I am doing with the contents of the sister projects of the album. Somehow this allowed me to balance everything because I decided not to share a lot of my intimacy in the process of making this album, but rather save it all for this moment when it is time to release the music and to tell a little bit about where it comes from. I enjoy witnessing the connection that exists between all the projects, and how each one gives you a different angle. It is very personal; I found my own way of telling the story.

For me it is very interesting and beautiful to see that even though the origin of your work is very intimate and personal, the process of recording this album was very collective. What do the words sharing and collaborating mean to you?

Collaboration is the celebration of the process itself. At some point I cannot continue by myself. But first, I do have to dig deep within to find the essence. Then comes the stage of sowing the seed, taking care of it, watering it, looking at the roots and seeing what is in there. Then, inevitably, comes the time to collaborate in order to achieve other results. Doing so helps me grow and become stronger, enjoy it, and fill the void with dreams, laughter, and beautiful moments. I love the solitude of searching and I also love teamwork; I am always amazed at the results and the endless possibilities.

For me, collaboration is essential for bringing a project, a dream, or a desire into being. It enriches my world with the talents of others and allows me to enjoy the process and make it a pleasant trip, knowing that it will always have strengths and weaknesses.

You told me you promised yourself that you would have a good time recording the album. How hard was it for you to record on tape and let go of control?

Recording on tape was an unfulfilled dream I had. It is one of the oldest recording formats that exist, and today few people do it this way. Great artists I admire used to record on tape. To let go of control is very difficult, but I had the chance to do it and, since I was in very good hands, it wasn't so complicated. I had incredible musicians as companions. Having Adan Jodorowsky as co-producer gave me a lot of confidence. We selected the songs very carefully and then all we had to do was to put ourselves at the service of the music. We had to allow it to come from within us, find intimacy and magic, and search the depths without fear. It was beautiful. There was adrenaline in every take. We were all in the same room recording together without having rehearsed much, playing for the first time as a band and allowing the songs to talk to us.

Losing control gave us the opportunity to get to interesting places like improvisation on several occasions. I feel like we were all prepared in our own way and that helped. For me, learning my guitar parts as much as I could allowed me to clear my mind and concentrate on the words and the singing. I had to work intensively with Emiliano on the arrangements of certain parts of the songs, and he helped the others gain confidence in playing the chords. The rest was weaving worlds, throwing ourselves into the depths, searching and reading each other: finding the music.

What is a music field and how did you imagine it to record this album?

My wish was to make a record that would help us forget about time: a work that would take us away to worlds full of surprises where chords and melodies would heal us and make us happy. I wanted a free field full of mystery and magic. I was looking to evoke the energy of nature, be faithful to the spirit of the songs and follow my instinct.

Musically, we explored a lot. I wanted to play my nylon guitar in almost every song, as well as my little cuatro. Unlike in other records, this time I clung to my acoustic instruments.

Marc Ribot brought an infinite universe of textures and tones with the electric guitar. Emiliano Dorantes played a very important role because his world, which is classical music, was reflected in mine while we were playing and exploring. Sebastian Steinberg is a beautiful being, an old soul —Adan and I were always saying that—, his approach grounded everything we did and brought the good vibes. Cyril Atef brought the rhythm of trance, a solid field for improvisation and play. We experimented with branches, water, and seeds; everything was allowed. The task was to play and to walk together with an open sensibility, and Adan was the first to push us to the most unexpected places.

The technical part is very important and if it you take good care of it you get a clear field to play on. The challenge is to ensure that nothing interrupts the sacred moment of tuning in and downloading the information. Encounter and connection are very important to me. You must concentrate and be present, totally committed to that moment, which passes by really quickly and feels as if time does not exist.

This album is about reinvention, the only way to do this process is to enter deep into oneself. I believe at some point in life there is no other way. What are the most valuable things you have learned during this journey from brokenness to the garden and the other side of yourself?

To live is to go through every process, no matter whether we like it or not. There are sunny and cloudy days. I remember wondering how I could remove stones from my mountain to be able to walk more freely, until the time came, literally, to walk in the mountains of Peru and realize that it is impossible to take the stones away. You rather learn to walk on them, and many teachings come if you open your heart, trust, and remain strong.

This journey has taught me about the depth of living calmly in the present without rushing, and about the importance of taking my time and respecting each stage. Every time I wanted to rush things, this record pushed me to sit down again, observe, calm down, breathe, experience every step and every stage.

This has been a path of infinite self-love, it hasn't been easy and it is something I keep learning. The songs were born at a time when I felt broken. I was attached to the traditional idea of love and having a partner. When you live like this and suddenly everything ends, it seems that the whole world comes to an end, but it doesn't. Wonderful opportunities for growth come.

I took myself by my own hands to never let myself go again. I learned to love myself and to know that this is something that needs to be practiced daily, then the songs began to change. I found key messages in them to heal the heart and strengthen the roots. I feel that this album will be a musical diary that contains all the information that has helped me so much to continue my journey, to which I will be able to go back in future stages of my life. Now I am happy to share it.

What did you learn during your hikes in the mountain? For me as a listener of *De Todas Las Flores* and an observer of your process, one of the most important things I have learned is how to tune into the frequencies of nature. The cadence of the earth and the rhythms of plants and flowers take over the body and you think, talk, and create in response to those forces.

The mountain called me and I had been calling it. I remember touring around 2017, standing on stage with enthusiasm and respect for music, feeling excited to be with my audience, always delivering my best. Giving concerts is one of my favorite parts of the work that I do and the service I provide. I enjoy it enormously, there are moments when inexplicable things happen, that is the mystery of my work. There are moments of magic and expansion that surprise me and let me know that something else is there.

I remember standing in the middle of the stage, singing from deep within my soul, when I began to have visions. I did not understand where they came from, I saw mountains when I closed my eyes, my body was filled with chills, I started to feel their presence and their strength in those moments when the voice becomes one and the energy merges with everything. This made me think that I had to walk in the mountains, but I had never done it before, and I wasn't sure where to go. What I did know was that I had to live this experience alone, with my backpack, in a context of nature and the energy of immensity. I had the opportunity to travel to Peru and visit one of the most sacred mountains of the Andes, the Ausangate. The hikes were a great teaching and I promised myself I would go back in the future to continue learning. When you leave your comfort zone and expose yourself to different ways of living, you learn a lot and many things happen.

You need to ask the mountain for permission to enter it and it demands your presence in every step you take. You enter a different time, your body faces situations that make you vulnerable. Then you connect with the present, you become aware of humility and generosity, and you feel love. You learn from patience, calmness, perseverance. The mountain becomes a mirror of who you are and everything that happens to you internally is reflected in the experience. If you are aware and you open your heart, you establish such a strong connection with the mountain that it talks to you. You connect with the Earth, which is infinite, you understand that you are very small but at the same time everything you do alters everything around you.

These trips were wonderful, and I was slowly composing songs that corresponded to those experiences without realizing it. Every trip was confrontational and gave me the opportunity to question many things: what am I, what do I want to be, where are my steps leading me, and for what purpose? Inevitably everything comes to the surface, and introspection and deep gratitude arise. This energy was my companion and it helped me write and organize everything little by little, until I was able to reflect these experiences in my music and in the songs of this album.

The album cover is beautiful and enigmatic. It shows a different Natalia than the one we have seen in other albums.

How did it feel to see yourself like this, in black and white, in a minimalist style, unadorned, with a man's head in your hands?

Originally, the idea was to use the photographs we took at the recording studio, which was magical and enigmatic enough for me. But as we were approaching the release of *De Todas Las Flores*, we talked about the photos that would work best to promote it from a more commercial point of view. We thought of something more like a portrait, with my face in front of a clear background so we could use the photos on different digital platforms.

We had to decide how we would show this world on the other side of the bridge. We had to react quickly to this situation, I was in Paris mixing the album and Adan introduced me to a very dear friend of his, Sonia Sieff, who turned out to be a great photographer. He invited her one afternoon to the studio. After listening to the music, she told me that she would like for us to work together, and I said that she should take some photos that I could then give to my team and my label to promote the record.

We talked about doing something very simple, I would be portrayed just as I am, without any extra stuff. The idea was to have something that would be good for the press. We never imagined that the session we were about to have would give us the photo for the cover. Sonia proposed to work in a completely analogue way using film, and we talked about shooting in black and white. Luckily, thanks to her career and personal contacts, we were able to get the studio of the legendary Jacques Tati, a French director and actor, who is one of the most recognized filmmakers in the world of cinema.

We had to be careful in this space, we felt like little girls playing in a house full of spirits and elements that Tati must have used in some of his films. We were trying to have a conventional photoshoot, behave well and not touch anything. But then Sonia put the head of a mannequin in my hands, I started playing with it, I felt butterflies in my stomach looking at it. Sonia and I looked at each other with complicity as if we were two girls and we knew that this moment would reveal something important. The energy came, the strength and spirit of this record showed themselves to let us know that this was the way to go.

I let go of what I already knew to take it somewhere scenic, theatrical, even surrealistic, or dreamlike. That afternoon we explored, and I felt like a little girl playing in my garden again. A few days later we looked at the negatives and we clearly knew what the album cover would be: a photo that said everything and nothing at the same time and left it all in the hands of the audience. Now I could cross another bridge to a place where everything can happen, because I really like to incorporate metaphorical and symbolic elements in my projects. After we showed the photos to my team, we all agreed on the choice for the cover, but beyond us, it was the album itself dictating what had to be done.

In *De Todas Las Flores* death is addressed from a point of view that celebrates life. You told me once that you needed to understand what your life is about, because it is a fine thread that can be broken at any time. What have you discovered after this journey? Have your dreams changed?

My life is about having the best time possible. This is easier said than done. These are peculiar times, and all kinds of things are happening in the world. Sometimes work can trap you and limit your freedom. Right now, it is very important for me to be awake and present, to love simplicity, to narrow down —remember the old *less is more*—, to know how to choose what to do and what not to do, to achieve balance and always remember this. I am young and I have a lot to learn from my experiences to be able to connect the substance, the spirit, and the soul of the moment.

I dream of fully living the processes that make me grow, feel alive and connected with the universe, with the Earth and with incredible human beings that teach me and help me be a better person. I want to give something valuable to the world and I hope my work can help others evolve, since we are all part of a whole and we all walk together. I try to be as honest and as true to my principles as possible. In every moment of my life, I promise to love who I am and what life has given me. I surrender to music, which is my religion and my teacher, and I wish to be able to collaborate with others in order to nurture and strengthen the great fabric that we all are. One of my many dreams is to be back on stage and sing these songs with my beautiful audience, which gives so much meaning to this book. I realize that I keep dreaming about what I have been dreaming since I was five years old: MUSIC.

MUSICOS

Marc Ribot ·
            Frantz Casseus. LOS CUBANOS.
            · Tom Waits, Andrez Calumero. Elvis Costello,
                 Caetano V, Arto Lindsay
       ↓
musica experimental   O Estados Unidos. New Jersey.
Improvisación libre
Free Jazz

Sebastian Steinberg = Estados Unidos — Fiona Apple, Iron & Wine

Emiliano Dorantes =

Cyril Abef = (Artista Musical) Tongue Drum Beat Root
Berlin
    French mother
Iranian father

¡LA LAVADORA! Nuestra maquina
de cinta   MOTORBASS PARIS 06/21

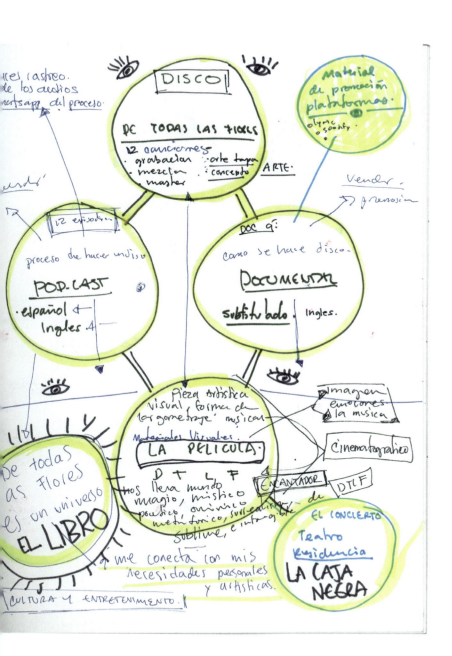

DISCO

DE TODAS LAS FIORES

12 canciones
· grabacion   :arte tapa
· mezcla   :concepto   ARTE.
  master

res rastreo.
de los audios
natsapp del proceso.

Material
de promoción
plataformas.
· olymic
· spotify .

Vender .
→ promoción

12 episodion
proceso de hacer unviso

POD-CAST
· español +
  Ingles .4

DOC 9:
como se hace disco .

DOCUMENTAL

subtitulado . Ingles.

Pieza artística
visual, forma de
largometraje' músical
Materiales Visuales.
LA PELICULA .

D   T   L   F
nos lleva mundo
magico, mistico
poetico, onirico
metaforico, surrealista- de
sublime, e intangible
ENCANTADOR   DTLF

imagen
emociones
la musica

Cinematografico

De todas
as Flores
es un universo
EL LIBRO

me conecta con mis
necesidades personales
y artísticas.

CULTURA Y ENTRETENIMIENTO.

EL CONCIERTO
Teatro
Residencia
LA CAJA
NEGRA

The letter of <u>Marina Sadina</u>

Cure yourself with the light of the sun and the rays of the moon.

~~with~~ with the sound of the river and the waterfall
with the swaying of the sea and the flittering of birds

Heal yourself with mint, with neem and eucaliptus
sweeten yourself with lavander, rosemary, and chamomille.
Hug yourself with the cocoa bean and Touch of cinnamon
Put love in the tea instead of sugar and take it looking at the stars
Heal yourself with the kisses that the wind gives you and the hugs of the rain.

Get strong with bare feet on the ground and with everything that is born from it

Get smarter every day by listening to your indision looking at the world with the eye of your forehead

Jump, dance, sing, so that you live happier ....
Heal <u>your self</u>, with beautiful love, and always remember:

You are the medicine

120

Del día que grabamos las coros del disco

Veracruz/22

Ramiro y su locura

AlanV. buscando
locura /22

Cúrate mijita, con ~~la~~ El Dolor ea luz del sol y los rayos de la luna.
Con el sonido del río y la cascada.
Con el vaivén del mar y el aleteo de las aves ←

Cúrate, mijita, con las ojas de la menta y la
hierbabuena, con el neem y el eucalipto.

Endulzate con lavanda, romero, y manzanilla
Abrazate con el grano de cacao y un toque de canela.
Ponte amor al té en lugar de azúcar y tómalo mirando
las estrellas.

Cúrate mijita, con los besos q' te da el viento
y los abrazos de la lluvia.

Hazte fuerte con los pies descalzos en la tierra y con
todo lo q' de ella nace.

Vuélvete cada día más lista haciendo caso a tu intuición
mirando el mundo con el ojo de la frente.

Cúrate mijita, con amor bonito y recuerda siempre
tu eres la medicina.

_____

Cuídate mijita alquimista q' tu voz siga
tocando corazones y transformando la belleza en sonido

123

Maureen M. Evans
y su cámara /21

Cuando David vino a casa
y escribimos canciones
Veracruz / 20

¿Q´ te hace sentir la música q´ estan grabando?

¿Q´ es lo q´ más difícil de hacer música?

¿Q´ es lo q´ más te gusta del proceso de entrar a un estudio de grabación y crear?

¿Q´ es lo q´ menos te gusta del proceso creativo?

¿Q´ se necesita para lograr conectar?. para lograr volar.

¿Háblame de tus influencias musicales?

¿Como fue tu encuentro primero con tu instrumento

Ultimo dia SP/21
T. texas

Emiliano y nuestros descansos. SP./71

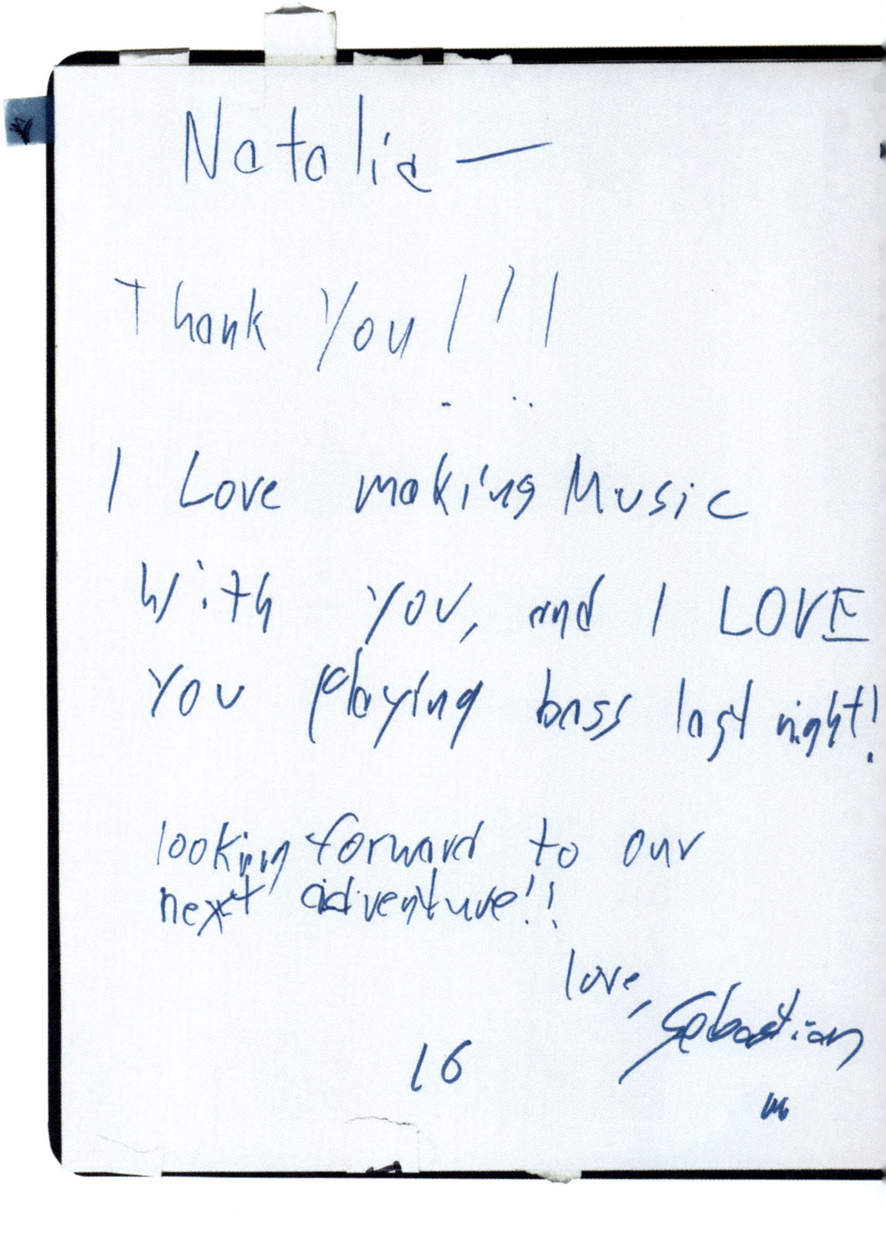

Natalie—

Thank You!!!
...

I Love making Music
with you, and I LOVE
you playing bass last night!

looking forward to our
next adventure!!

love,
Sebastian

16

las cintas del disco
Paris 2022

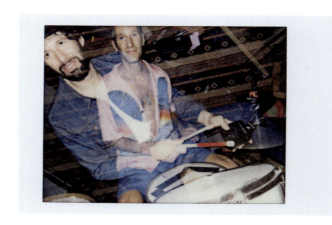

Cyril y Adan jugando
a la musica.   SR /21

Estar despierto...   Tengo el presente.
                              Abrazar mis demonios, amarme.

LA DANZA DE LOS DIABLOS - se baila en el día
- tradición oaxaqueña.   de los muertos.
                           Oaxaca

CAMINAR BONITO   (Natalia lpf.) 2019

Q´ bonito saber, q´ si lejos me voy cuando yo regrese
En la casa estarán todas esas canciones q´ nos aprendimos
Q´ bonito es tener tanta seguridad de q´ en la distancia
Aunque lejos estés tan cerquita te siento en las madrugadas.

Y agradezco saber q´ en la vida mi amor, caminar bonito
es algo q´ deseo regresar siempre a casa, para estar juntitos
Y agradezco entender , una humilde elección caminar bonito
Es Cada día yo elijo pues la vida son montañas q´ yo quiero atravesar juntitos.

Q´ bonito saber , q´ si lejos me voy cuando yo regrese
Un abrazo estará esperando en silencio hasta q´ despierte.
Esos tragos amargos, esos días nublados, Algunos tropiezos
Platicando a tu lado se convierten en viento. abrazas mi cuerpo y ahí volamos

Agradezco saber , q´ en la vida mi amor, caminar bonito.
Es algo q´ deseo , regresar siempre a casa para estar juntitos
Agradezco entender , una humilde elección , caminar bonito
Es, Cada día yo elijo pues la vida son montañas q´ yo quiero atravesar
contigo.

 Cada día yo elijo pues la vida son montañas q´ yo quiero atravesar
juntitos ...

_____
                                  02 - Julio - 20
Cada día me pregunto q´ es lo q´ debo hacer para ser
un poco diferente.
En la calle, miro un mundo q´ se deja caer en mi cuerpo
los ojos de la gente ...
Y

Pena Penita (60)

                    Ahora entiendo q´ no soy perfecta
                      ni lo quiero ser.
                    Pena penita ando arrastrando por todos
                                          lados.

137

Paris El sagrado
Corazon
6/22

De nuestro último
día de mezcla
cuando entregamos
todo. 6/22 París

En mi manera de querer
hay algo chiquito
En mi manera de querer
Hay besos de amor
Q' si los pruebas hasta la noche te saben rico
Y así poquito a poquito enamoro tu corazón.

En mi manera de querer
No hay maquillaje
En mi manera de querer
No hay filtros ni ~~⬛~~ error
Es algo simple pero profundo
Amor sincero q' en este mundo

Ya no me importa si se comprende
Amor te doy.
→ Ⓓ Regresa.
    Es cariño lindo, cariño vivo q' yo te doy
    Es tan inocente como los acordes de esta canción
    Es agüita pura que de los petalos de una flor
— ~~T R A E~~ la primavera
    ~~brota~~ ~~⬛⬛~~ la dulzura con esta canción q' ~~te dedico hoy~~

(CORO)   • • • • • • • • • q' te canto
                                              HOY.

No me importa si eres (hombre)
O (eres mujer)
Yo te (veo) como un ser de (luz)
de cabeza a los pies.

No me importa si eres hombre
O eres mujer o o o
Yo te (veo) como un ser de (luz)
de cabeza a los pies...
                    Puen

Natalia,

Creo que podría durar horas sin escribir algo pensando en todas las cosas que quisiera decir. Pero hay una sola palabra que sé que resuena mucho más que cualquier otra cosa que quiera escribir. Y es : Gracias...

Por tanto... por este hermoso viaje.

GRACIAS

Ultimos dias de mezcla
MómArt 6/77   Paris

Daniel y Alessandra
Vamos encontrando como contar la historia
CR   71/72 T, Texas

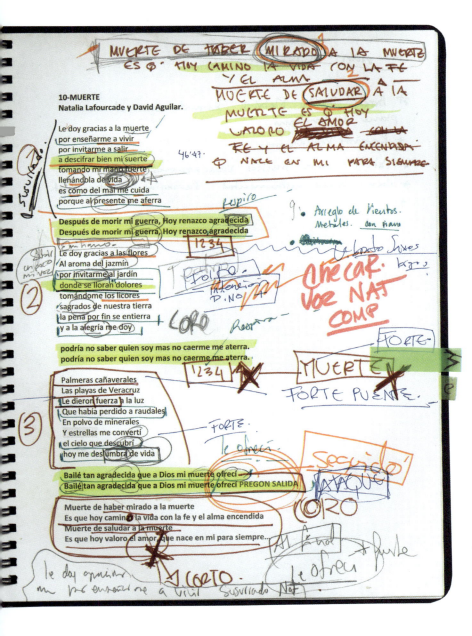

10-MUERTE
Natalia Lafourcade y David Aguilar.

Le doy gracias a la muerte
por enseñarme a vivir
por invitarme a salir
a descifrar bien mi suerte
tomando mi mano fuerte
llenándola de vida
es como del mar me cuida
porque al presente me aferra

Después de morir mi guerra, Hoy renazco agradecida
Después de morir mi guerra, Hoy renazco agradecida

Le doy gracias a las flores
Al aroma del jazmín
por invitarme al jardín
donde se lloran dolores
tomándome los licores
sagrados de nuestra tierra
la pena por fin se entierra
y a la alegría me doy

podría no saber quien soy mas no caerme me aterra.
podría no saber quien soy mas no caerme me aterra.

Palmeras cañaverales
Las playas de Veracruz
Le dieron fuerza a la luz
Que había perdido a raudales
En polvo de minerales
Y estrellas me convertí
el cielo que descubrí
hoy me deslumbra de vida

Bailé tan agradecida que a Dios mi muerte ofrecí
Bailé tan agradecida que a Dios mi muerte ofrecí PREGON SALIDA

Muerte de haber mirado a la muerte
Es que hoy camino la vida con la fe y el alma encendida
Muerte de saludar a la muerte
Es que hoy valoro el amor que nace en mi para siempre...

LE DOY GRACIAS A LA MUERTE ● 1
POR ~~ENSEÑARME~~ A VIVIR ● 2
POR INVITARME A SALIR ● 3
5 ● TOMANDO MI MANO FUERTE
6 ● ● A DESCUBRIR BIEN MI SUERTE ● 4
~~Y LLENÁNDOME DE VIDA~~
ES COMO AL FINAL ME CUIDA
PORQUE AL PRESENTE ME AFERRA
DESPUÉS DE ~~MORIR~~ MI GUERRA
HOY ~~MORIR~~ AGRADECIDA
RENAZCO.

LA NOCHE DEL VERANO
ESTÁ DESCONTROLADA
LO MUCHO QUE TE QUISE
ME HARÁ LA MADRUGADA

31/AGO/20

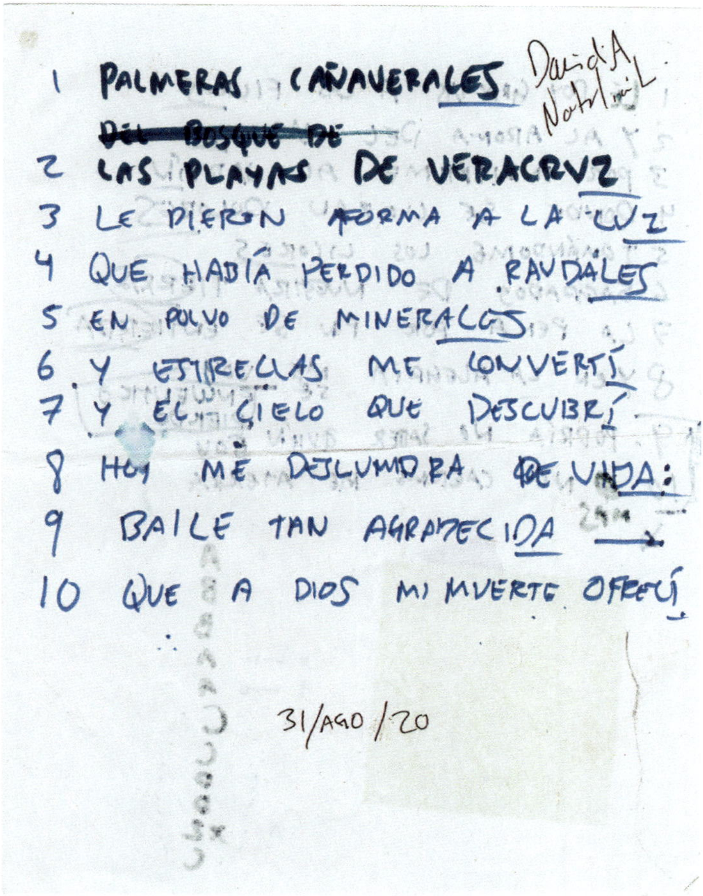

1 PALMERAS CAÑAVERALES   David A.
                          Nortel·il

~~DEL BOSQUE DE~~

2 LAS PLAYAS DE VERACRUZ

3 LE DIERON FORMA A LA LUZ

4 QUE HABÍA PERDIDO A RAUDALES

5 EN POLVO DE MINERALES

6 Y ESTRELLAS ME CONVERTÍ

7 Y EL CIELO QUE DESCUBRÍ

8 HOY ME DESLUMBRA DE VIDA:

9 BAILE TAN AGRADECIDA

10 QUE A DIOS MI MUERTE OFRECÍ

31/AGO/20

Nuestras caminatas en Veracruz
últimos días de grabación
Veracruz 01/22

Del día q' encontramos la
portada del disco
gracias Sonia. 6/22 Paris

Isla de los encantos
los encuentros afrodisiacos
si me arrastra el mar   si me arrastra el río
el río en su caudal   a donde empieza el mar
                         me dejo dar los besos
                         de ese hermoso par
                              tan bonito

canta la arena
cuando bailo con ella
escucho la corriente como va
y viene
si me besa el mar
si me tiene
todita ya

Juega la caracola con
su amiga la bella ola
si me me canta el son q̄
hace aquí en la playa
escucha
ya siento el corazon no quiere
que me vaya.

alma de marinero q̄ se mete por
estos vientos, si me dice niña q̄ anda
haciendo aquí? yo le respondo NA
le gusto el oyorsí.

Bosque Tropical de Veracruz
Nuestra Casa 08/22

De nuestra recidencia
estamos materializando el libro
Veracruz 00/72

flores de nuestro primer
concierto   en paris /22

Q´ te vaya bonito Nicolas.
a donde quiera q´ lleves tu vuelo
en la tierra seguiremos trabajando,
celebrando tu camino por el campo.

Q´ te vaya bonito Nicolas
No tengas miedo de dejarnos en silencio
q´ la noche y el rocio te abrieron
Y la luz de nuestras velas te ha llevado

Hoy las aves y los pajaros cantando
Hacen circulos de danza en el aire
Van llevandose tu alma en una fiesta
donde los rios cantan. y pachamama Baila.

Nicolas, q´ las olas rompan, Q´ se llevo el viento nuestro llanto y dolor.
Nicolas q´ la lluvia caiga y en las estrellas te encontremos porfavor

Q´ te vaya bonito Nicolas
A donde quiera q´ lleves tu vuelo
En la tierra seguiremos cultivando.
Ese amor para vivir q´ nos enseñaste tu has sembrado

Q´ te vaya bonito Nicolas
No tengas miedo de cruzar la puerta
Pues los Dioses los maestros y la Tierra
Reclamaron a este mundo tu presencia.

Hoy las aves y los pajaros cantando.
te reciben mas alla en el infinito
Mientras tanto aqui nosotros en el nido
conservamos tu memoria en regocijo.
cuidaremos

Q´ te vaya bonito Nicolas
26 · 04 · 21
- LA CUNA ·

177

UN JARDÍN IMPARABLE
Elvira Liceaga

Nos transformamos en tal intimidad que incluso buscamos despojarnos del lenguaje en el proceso. En silencio, el sonido de la eternidad. Soltar la palabra, a las personas que nos rodean y los modelos que disciplinan nuestro día a día. Necesitamos traicionarlos, desobedecerlos para sumergirnos en la oscuridad del vacío hasta encontrar a solas la luz. Hay un lugar en nuestro interior al que nadie puede acompañarnos.

Si tuviéramos visión de pájaro para distinguir cuántas personas están secretamente cruzando al otro lado de sí mismas, o si tuviéramos un artilugio para mirar al interior de los cuerpos con los que compartimos el espacio, descubriríamos un montón de procesos de reinvención aconteciendo al mismo tiempo de diferentes maneras.

Para mí, *De todas las flores* es la historia musical de una de esas reinvenciones. Las canciones me ponen la piel chinita porque son preciosas y porque son un espejo de otros procesos invisibles de búsqueda. Nunca había pensado en la transformación como un camino misterioso que nos salvará, al que llegaremos, cada quien con sus preguntas, cuando sintamos esa agitación del espíritu que nos advierte que ha llegado el momento de cambiar.

Natalia acudió a la ancestralidad de las montañas y la novedad de los bosques, e hizo de ese viaje a su interior un disco que honra nuestra profundidad y descorre el velo que oculta una inteligencia compartida que nos une por nuestra fragilidad y fortaleza.

Es hermoso que no solo escuchó la sabiduría de la naturaleza, sino también sus ritmos. Y compuso conectándose a la pluralidad de tiempos del paisaje y a la belleza innata de la Tierra.

En latín *natura* significa nacer. La naturaleza es un sistema orgánico de renovación que nos recuerda que pertenecemos al cambio y que es imposible pensarnos aislados. Al compartir su recorrido en *De todas las flores*, Natalia me recuerda a las especies compañeras, como las acacias y las hormigas, que desarrollan alianzas para sobrevivir. Esas asociaciones íntimas entre seres tan diferentes, como los hongos y los pinos, nos muestran una red de colaboraciones que permite nacer, crecer, mutar, colaborar y, muchas veces, regenerar los territorios que los humanos hemos arruinado; orquestan un entramado impresionante de destinos que se cruzan y nos mantienen vivos. Si nos proponemos aprender de su organización y pensar cómo sumarnos a su colectividad, nuestros cuerpos y nuestra imaginación responderán a otras inercias.

Esa lección de resiliencia está en las flores del jardín interior de Natalia, donde fundó su nuevo origen. Así, además, se grabó este álbum y se hicieron los diarios musicales en los que amé colaborar.

En esas semanas en las que hice del mundo de Natalia el mío, planté con mi hija de dos años menta, romero y lavanda. Vamos todos los días a decirles cosas bonitas, olerlas y a preguntarles si están contentas en ese lugar, si necesitan más agua. Nos enseñan estrategias de supervivencia como el cuidado. A veces traemos flores o esquejes de otras plantas que alguien nos regala para que su jardín se extienda en el nuestro.

La memoria de esa escena —nosotras con las manos llenas de tierra, aprendiendo la paciencia mientras esperamos el nacimiento de las flores y contemplamos ciclos de crecimiento o reposo— me hace pensar que la evolución es un término de la naturaleza que los humanos hemos malinterpretado: la naturaleza no es una cadena expansiva de transformaciones que crea especies independientes que someten a otras. El futuro vegetal es comunitario.

Las flores, como dice Maeterlinck, nos dan un prodigioso ejemplo de insumisión, de valor, de perseverancia y de ingeniosidad.

Ponemos el disco otra vez, sembramos las canciones de Natalia y le digo a mi hija: no dejemos de preguntarnos cuál es el lenguaje común que tenemos con las plantas.

De cuando grabamos
DTLF - EL PODCAST   Elvira y las flores
Ver - /22

AN UNSTOPPABLE GARDEN
Elvira Liceaga

We turn into such intimacy that we even look to strip ourselves of language in the process. In silence, the sound of eternity. To let go of the word, the people around us, and the models that discipline our day-to-day lives. We need to betray them, disobey them to immerse ourselves in the darkness of emptiness until we find the light alone. There is a place inside us where no one else can go.

If from a bird's eye view we could distinguish the people that are secretly crossing over to the other side of themselves, or if we had a device to look inside the bodies with which we share space, we would discover a lot of reinvention processes happening at the same time in different ways.

For me, *De Todas Las Flores* is the musical story of one of those reinventions. The songs give me goosebumps because they are beautiful and because they are a mirror of other invisible search processes. I had never thought of transformation as a mysterious path that will save us, which we will reach —everyone with their own questions— when we feel that shaking of the spirit that warns us that it is time to change.

Natalia turned to the ancestral nature of the mountains and the newness of the forests, and she transformed that inner journey into a record that honors our depth and takes away the veil that hides a shared intelligence that connects us both through our fragility and our strength.

It is beautiful that she not only listened to the wisdom of nature but also to its rhythms. And she composed by connecting to the different temporalities of the landscape and to the innate beauty of Earth.

In Latin, *natura* means to be born. Nature is an organic system of renewal that reminds us that we belong to change and that it is impossible to think of ourselves as isolated. By sharing her journey in *De Todas Las Flores,* Natalia reminds me of companion species that develop alliances to survive, like acacias and ants. These intimate associations between different beings, such as fungi and pines, show us a network of collaborations that allows us to be born, grow, mutate, collaborate and, many times, regenerate the territories that we humans have ruined. They orchestrate an impressive web of destinies that intersect and keep us alive. If we intend to learn from the way they organize and think about how to join their collectivity, our bodies and our imagination will respond to other inertias.

That lesson of resilience is in the flowers of Natalia's inner garden, where she founded her new origin. This is also how the album was recorded and the musical journals, in which I loved to collaborate, were made.

During the weeks in which I made Natalia's world my own, my two-year-old daughter and I planted mint, rosemary, and lavender. We go every day to say nice things to them, smell them and ask them if they are happy in that place, if they need more water. They teach us survival strategies like caring. Sometimes we bring flowers or cuttings from other plants that someone gives to us so that their garden can spread in ours.

The memory of that scene —our hands covered with soil, us learning patience while waiting for the birth of the flowers and contemplating cycles of growth or rest— makes me think that evolution is a term that humans have misunderstood: nature is not an expansive chain of transformations that creates independent species that subdue each other. The vegetable future is communal.

Flowers, as Maeterlinck says, give us a prodigious example of insubordination, courage, perseverance, and ingenuity.

We play the album again, we sow Natalia's songs, and I say to my daughter, we should never stop wondering about the language we have in common with plants.

SONG BOOK

01. I CAME ALONE

Into this world I came alone
alone I am going to die
When I walk I just breathe
I perceive within me the bravery of my feet
I follow within myself the brave steps of my feet.

In this world I don't understand war
war from within me or from you
Night falls, I turn out the light, and in the darkness
I keep dreaming of being awake, being awake
I keep dreaming of being awake, being awake.

Although to the world I am invisible
I feel the restless tide that dances under my skin
And to the wind I deliver all my sorrows
If I cry wildly I am a river until the dawn
If I cry wildly I am a river until the dawn
If I cry wildly I am a river until the dawn.

Each day I am being born
Each day I am departing
To myself I cling to life
To myself I cling to life
To myself I cling to life
To myself, to myself, to myself I cling to life
To myself I cling to life.

Into this world I came alone
alone I am going to die
Into this world I came alone
I cling to life before I die
I cling to life before I die.

02. OF ALL THE FLOWERS

Of all the flowers that we planted
only a few are still in bloom
Every morning they wonder
when you will come and sing to them.

Of all the moons we gazed upon
only a few memories remain.

When we laughed, when we had each other
getting drunk, walking the streets of Madrid with no direction.

When we danced, when we got lost
in that song from our old life that only we understood
In that garden of bougainvillea that we shared.

Of all the flowers that we planted
only a few are still in bloom
Every morning they wonder
when you will come and sing to them.

The waning moons that observed us
crying sacred tears upon the seas.

Like your caresses, bitter and sweet
Delicious the mornings, labyrinths in the deepest night.

Like your caresses, soft as a thorn
digging into my chest, all this melancholy
In this garden of bougainvillea without your company.

Of all the moons we gazed upon together
only a few memories remain
When we laughed, when we had each other
getting drunk, walking the streets of Madrid with no direction
When we danced, when we got lost
in that song from our old life that only we understood
In that garden of bougainvillea that we shared
In that garden of bougainvillea where we lost each other.

03. THE DAYS PASS BY

Days pass by and I keep thinking of you
Hours pass and I can't manage to let go
It's so absurd to imagine that our love
isn't enough to bring us back together.

Life passes by and I keep thinking
we had everything to be fine with one another
Thinking that distance could not destroy
that space we built on our illusions.

And tell me, how do I breathe?
in this emptiness I am carrying inside
Where did the spark between us go?
I am begging you please don't forget.

Days pass by and I keep thinking of you
Hours pass and I can't manage to let go
It's so absurd to imagine that our love
isn't enough to bring us back together.

Life passes by and I keep thinking
we had everything to be fine with one another
Thinking that distance could not destroy
that space we built on our illusions.

And tell me, how do I breathe?
in this emptiness I am carrying inside
Where did the spark between us go?
I am begging you please don't forget.

I just want to love you
I just want to hold you
In this crazy universe, to watch you grow, loving you from afar.

I just want to love you
I just want to kiss you
At this, our final goodbye, to watch you go away, loving you from afar
I just want to love you

I just want to hold you
In this crazy universe, to watch you grow, loving you from afar
I just want to love you
I just want to kiss you
At this, our final goodbye, to watch you go away, loving you from afar.

I just want to, want to, want to hold you.

04. CARRY ME WIND

Wind, carry me to where the noise cannot reach me
where the birds are singing and the water can save me
Raise my legs, shake my body and sing, sing.

Wind, lift my body like leaves kissed by autumn
Whispering your loving song that awakens me from the deep
Dance with me, dance with me gently, gently.

Wind today I need that hug that breaks the ice
Wind today I need your voice that has been gone for a long time.

Wind, carry me to where the noise cannot reach me
where the birds are singing and the water can save me
Raise my legs, shake my body and sing, sing.

Wind, lift my body like leaves kissed by autumn
Whispering your loving song that awakens me from the deep
Dance with me, dance with me gently, gently.

Wind today I need that hug that breaks the ice
Wind today I need your voice that has been gone for a long time.

Wind today I need that hug that breaks the ice
Wind today I need your voice that has been gone for a long time.

Wind today I need that hug that breaks the ice
Wind today I need your voice that has been gone for a long time.

05. THE RIGHT PLACE

Pardon me, I had to step out for a moment
I had a meeting to attend with myself
I had forgotten how to look in the mirror -
into my face, into my eyes - at what inhabits my universe.

Pardon me if I cried and cried and cried while dancing
I had old wounds to attend to from the past
Then I returned to that needed silence
to listen to my heart speak the truth.

The truth that is in those sunsets
The truth that is shining in the present moment
The truth that is in the simple things like breathing.

Pardon me, I had to step out for a moment
there was a drying flower inside the house
I had forgotten how to keep company
with the solitude of my old garden in Veracruz.

Pardon me if I cried and cried and cried while dancing
I had old wounds to attend to from the past
Then I returned to that needed silence
to listen to my heart speak the truth.

And the right place is now to go walking
And the right place is now, no more is needed.

And the right place is now to go walking
And the right place is now, no more is needed.

And the right place is now to go walking
And the right place is now, no more is needed
No more is needed.

06. LITTLE HUMMINGBIRD

Little hummingbird, don't be afraid to go
today the world wants you to wake up to be happy
Little hummingbird, don't be afraid to live
the dark and mysterious night dances for you.

When you feel the infinite world open up before your wings
and inside your chest you lose your breath
ask the sky to lift you up
If you feel unsteady in your flight
light a fire into your beating wings
ask the universe for sweet freedom in your whole being.

Everything will be alright, little hummingbird
don't be afraid of living
Everything will be alright, little hummingbird
you came into the world to be happy.

Today the valleys, forests and mountains want to see you go
Today the pathways, seas and the clouds will watch over you
If you're sobbing broken-hearted and cannot sleep
just sing, break forth – it's time to leave.

When you feel the infinite world open up before your wings
and inside your chest you lose your breath
ask the sky to lift you up
If you feel unsteady in your flight
light a fire into your beating wings
ask the universe for sweet freedom in your whole being.

Everything will be alright, little hummingbird
don't be afraid of living
Everything will be alright, little hummingbird
you came into the world to be happy.

Alright, little hummingbird
don't be afraid of living
Everything will be alright, little hummingbird
you came into the world to be happy.

MARIA THE HEALER
Inspired by the medicine woman María Sabina and
"Consejos de la abuela doctorcita", a poem by Alejandra Padilla

Heal your pain my little girl with our sun's light and the moon's rays
Heal your pain my little one with the sound of the river, the waterfall and the foam
With the to-and-fro of the ocean that comes and goes, let it hold you
With the to-and-fro of the ocean that comes and goes, let it love you
Heal yourself my child with the leaves of mint and spearmint
Put love instead of sugar in your tea, drink it and look at the stars.

Heal your pain my little girl with our sun's light and moon's rays
Heal yourself my little one with the kisses that the wind blows on you
the embraces of the rain
With the to-and-fro of the ocean that comes and goes, let it hold you
With the to-and-fro of the ocean that comes and goes, let it love you
Heal yourself my child with this very gentle love
Light the fire, offer your sorrows
So that they turn to dust and new flowers grow.

So that all your sorrows turn to dust, turn to dust
So that the fire burns them, the fire burns them and new flowers grow
So that all your sorrows turn to dust, turn to dust
So that the fire burns them, the fire burns them and new flowers grow.

Heal your pain my little girl with the heat of the sun and the cold of the moon
Sweeten the morning with the aromas of lavender, rosemary, eucalyptus
so that calm enters in
With the to-and-fro of the ocean that comes and goes, let it hold you
With the to-and-fro of the ocean that comes and goes, let it love you
Heal yourself my child with this very gentle love, heed your intuition
Look at the whole world with the eye that you have on your forehead.

Heal yourself my child with this very gentle love
And always remember that you are the medicine
Heal yourself my child with this very gentle love
And always remember that you are the medicine.

So that all your sorrows turn to dust, turn to dust
So that the fire burns them, the fire burns them and new flowers grow
So that all your sorrows turn to dust, turn to dust
So that the fire burns them, the fire burns them and new flowers grow.

08. CAMINAR BONITO (To walk nicely)

It's so nice to know that no matter how far I go
whenever I am back
there will be all the songs
that we learned together in the house.

How nice it is to feel so secure
across the distance
that although you may be far, I feel close to you
in the deepest night.

I'm grateful to know, my love, that in life
caminar bonito (to walk nicely)
is something that I want, to always come home
to always be together.

And I'm grateful to understand my humble choice
caminar bonito (to walk nicely)
every day I choose, because life is like mountains that I want to cross with you
by my side.

It's so nice to know that if I go far
whenever I am back
a hug will be waiting in silence
until I wake up.

Those bitter moments, those foggy days, some faltering steps
walking at your side
they turn into wind embracing my body, then we fly.

I'm grateful to know, my love, that in life
caminar bonito (to walk nicely)
is something that I want, to always come home
to always be together.

And I'm grateful to understand my humble choice
caminar bonito (to walk nicely)
Every day I choose, because life is like mountains that I want to cross with you
by my side

Every day I choose, because life is like mountains that I want to cross with you by my side
Every day I choose, because life is like mountains that I want to cross with you by my side.

09. MY WAY OF LOVING

In my way of loving
there is something simple
In my way of loving
there are affectionate kisses
That if you try them later at night, they taste good
So little by little I will make you fall in love.

In my way of loving
there is no make-up
In my way of loving
there are no filters and no mistakes
It is something simple yet profound
True love in this world
I don't care if anyone understands this, this is love, I am loving you.

It's loving affection, living affection that I give to you
It's as innocent as the chords of this song
It's pure water from the petals of a flower
bringing the spring on this melody that I sing.

I don't care if you're a man or if you're a woman
I see you like a being of light from your head to your toes
I don't care if you're a man or if you're a woman
I see you like a being of light from your head.

It's loving affection, living affection that I give to you
It's as innocent as the chords of this song
It's pure water from the petals of a flower
bringing the spring on this melody that I sing.

I don't care if you're a man or if you're a woman
I see you like a being of light from your head to your toes
I don't care if you're a man or if you're a woman
I see you like a being of light from your head to your toes
I don't care if you're a man or if you're a woman
I see you like a being of light from your head to your toes
I don't care if you're a man or if you're a woman
I see you like a being of light from your head.

10. DEATH

I give thanks to Death
for teaching me to live
for inviting me out
revealing my fortune
Grabbing my hand
giving me life
saving me from evil
as I cling to the present.

This war inside me dies, I am reborn grateful
This war inside me dies, I am reborn grateful.

I give thanks to the flowers
to the aroma of jasmine
for inviting me to the garden
the place where I offer my sorrows
I drink the liquors like potions
sacred to the Earth
the pain is finally buried
and I surrender to joy.

I may not know who I am, but only by falling I can find out
I may not know who I am, then
not to fall terrifies me.

Death, by having faced death
today I walk forward with faith and my soul alight
Death, by greeting Death
today I am holding the love that is reborn in me forever.

Reed palm trees
the beaches of Veracruz
they gave strength to the light
that I had lost
I became mineral dust
I became millions of stars
and the sky that I discovered
Today it lifts me full of grace.

I danced so gratefully that I offered my death to God
I danced so gratefully that I offered my death to God
Death, by having faced death
today I walk forward with faith and my soul alight
Death, by greeting Death
today I am holding the love that is reborn in me forever
Death, by having faced death
today I walk forward with faith and my soul alight
Death, by greeting Death
today I am holding the love that is reborn in me forever.

I danced, I danced, I danced so gratefully.

I give thanks to life, I give thanks to Death for teaching me how to live.

I give thanks to Death for teaching me how to live.

11. THE SAND IS SINGING

The sand is singing so beautifully when I dance with her
I listen to the waves as they come and go
If the sea kisses me, it already has me.

The conch shell plays with her friend the beautiful wave
if she sings the song to me that is born here on the beach
I feel my heart won't let me go.

Soul of a sailor whose scent is caught by the wind
if he tells me- girl, what are you doing here?
I don't say a word, I just wink.

Island of enchantment, of amorous trysts
if the river takes me to the mouth of the sea
I let myself be kissed by that beautiful pair.

And when the night falls with such starry eyes
I lose my breath, I'm in rapture
I only want to be the owner of its love.

The owner of its love
a little sailboat where the sun went down
The owner of its love
that brought this song on the dance of the waves.

The owner of its love
a little sailboat where the sun went down
The owner of its love
that brought this song on the dance of the waves.

The sand is singing so beautifully when I dance with her
I listen to the waves as they come and go
If the sea kisses me, it already has me.

If the sea kisses me, if the sea kisses me,
it already has me, if the sea kisses me.

12. I WISH YOU THE BEST NICOLÁS

I wish you the best Nicolás, wherever your journey may lead you
on earth we will keep on working and celebrating your life in the fields
I wish you the best Nicolás, don't be afraid to leave us in silence
may the night and the dew embrace you and may the light of our candles
have taken you.

Today all birds big and small are singing
they make circles of dancing in the air
They are taking your soul with them to a celebration
where the rivers sing and Mother Earth dances.

Nicolás may the waves break
may the wind take our crying and pain
Nicolás may storms rain down
let us find you in the stars please.

I wish you the best Nicolás, wherever your journey may lead you
on earth we will keep cultivating that love for life that you have planted
I wish you the best Nicolás, don't be afraid to cross over
the gods, the earthly sages are asking this world for your soul.

Today all birds big and small are singing
they receive you beyond the infinite
Meanwhile here in our nest
we will take care of your memory in joy.

Nicolás may the waves break
may the wind take our crying and pain
Nicolás may storms rain down
let us find you in the stars please.

I wish you the best Nicolás
I wish you the best Nicolás
I wish you the best Nicolás
I wish you the best Nicolás.

La caja negra representa mi mundo interior: un espacio de oscuridad y vacío, la transición entre el mundo material que ven mis ojos y un universo de infinitas posibilidades que solo yo percibo, donde habitan mi mente y mis memorias personales. Es lo más profundo de mi jardín interior. Aquí reside lo inesperado que surge en mis sueños, donde lo teatral, lo solemne, lo simbólico, lo lúdico se entrelazan con personajes, objetos y símbolos que cuentan una historia que termina de tomar sentido en el mundo imaginario del espectador.

Este proceso implicó una búsqueda profunda de momentos que formarían parte de la narrativa del concierto *De todas las flores*. A través de diferentes paisajes y capítulos, exploramos el camino hacia la sanación de un corazón roto, atravesando la muerte y el cambio de piel. Finalmente llegamos al jardín de claveles y aún en ese espacio no aparece la flor, esa flor que se busca constantemente. ¿De todas las flores, cuál será la más especial?

De la mano de Martín Bautista, como director de los visuales, y un equipo enorme de talento, logramos extender el mundo musical hacia el movimiento, el color, la fantasía y los jardines de flores. En las siguientes páginas, mostramos cómo el viaje y la experiencia comienzan en una idea que habita en la mente, posiblemente un dibujo, y luego se transforman en realidad. Me impresiona cómo, a través de la colaboración y el trabajo en equipo, se pueden lograr cosas enormes que sorprenden hasta el punto de no creer que uno ha sido parte de algo tan grande.

Siempre confirmo que es posible plasmar la imaginación, la voluntad, el amor y la entrega en cualquier proyecto que se construya desde cero, desde una página en blanco, desde un vacío que podría resultar aterrador. Agradezco poder seguir siendo testigo de estas transformaciones.

Aquí un pequeño compartir de lo que fue el proceso del mundo audiovisual de *De todas las flores*.

The black box represents my inner world: a space of darkness and emptiness, the transition between the material world that my eyes see and a universe of infinite possibilities that only I perceive, where my mind and personal memories reside. It is the deepest part of my inner garden. Here lies the unexpected that arises in my dreams, where the theatrical, the solemn, the symbolic, and the playful intertwine with characters, objects, and symbols that tell a story—one that fully takes shape in the imaginary world of the spectator.

This process involved a deep search for moments that would become part of the narrative of the *De Todas Las Flores* concert. Through different landscapes and chapters, we explored the path towards healing a broken heart, passing through death and shedding old skins. Finally, we arrive at the garden of carnations, and yet, even in that space, the flower does not appear—the flower that is constantly sought. Of all the flowers, which one will be the most special?

With Martín Bautista as the visual director and an enormous team of talented individuals, we managed to extend the musical world into movement, color, fantasy, and flower gardens. In the following pages, we show how the journey and experience begin as an idea that lives in the mind—perhaps a drawing—and then transforms into reality. I am amazed at how, through collaboration and teamwork, incredible things can be achieved, so astonishing that one can hardly believe that we were part of something so grand.

I always reaffirm that it is possible to bring imagination, willpower, love, and dedication into any project built from scratch—from a blank page, from a void that might seem terrifying. I am grateful to continue witnessing these transformations.

Here is a small glimpse into the creative process behind the audiovisual world of *De Todas Las Flores*.

✳ <u>Caja - Negra</u>

✳ Maniquí:

⌐ caja cecretera. /TARACEA/

✳ campo de
flores Rosas
CLAVELES

✳ Arena Blanca. /CAMPO/

✳ <u>Mesa redonda</u>

✳ <u>Mesa</u>

✳ Jaula de oro con sus
hermanas -

✳

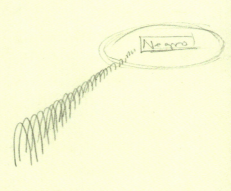
Negro

✳ JAULA DE ESCENARIO

✳ ÁRBOL con sus hojas

✳ TUNEL DE TODAS LAS FLORES

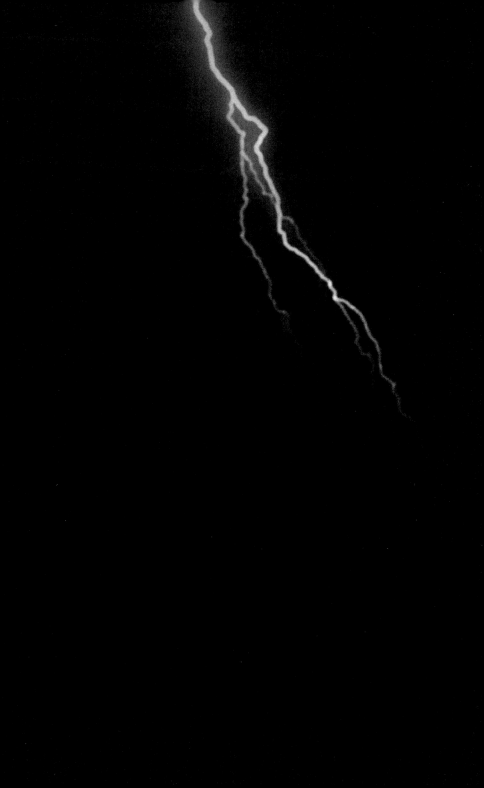

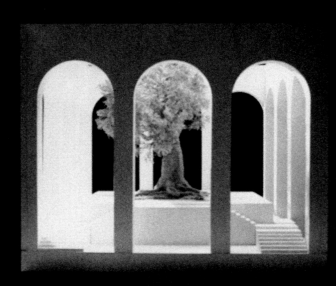

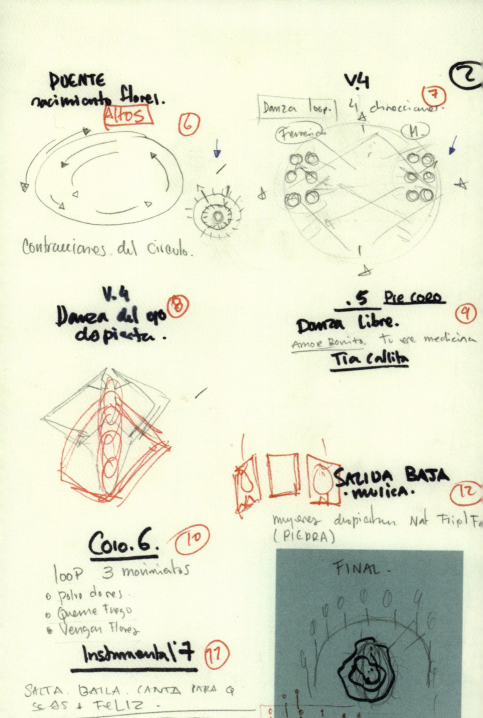

PUENTE
nacimiento flores.
Altos (6)

Contracciones del circulo.

V.4 (7)
Danza loop. 4 direcciones.
Femenino M.

V.4
Danza del ego (8)
dos pies etc.

.5 Pie coro (9)
Danza Libre.
Amor Bonito. tu ere medicina
Tia callita

SALIDA BAJA (12)
· mulica.
mujeres dospietas Nat Trip Fo
(PIEDRA)

Coro. 6. (10)
loop 3 movimientos
○ Polvo dores.
○ Queme fuego
○ Vengan Flores

Instrumental 7 (11)

SALTA. BAILA. CANTA PARA Q
se as + FELIZ .

MEDICINA — [Improvisación]

FINAL.

MARIA LA CURANDERA.   ①

Intro.   V·1

FiN. NAT

puente·1 piedras.

②

V2.

①

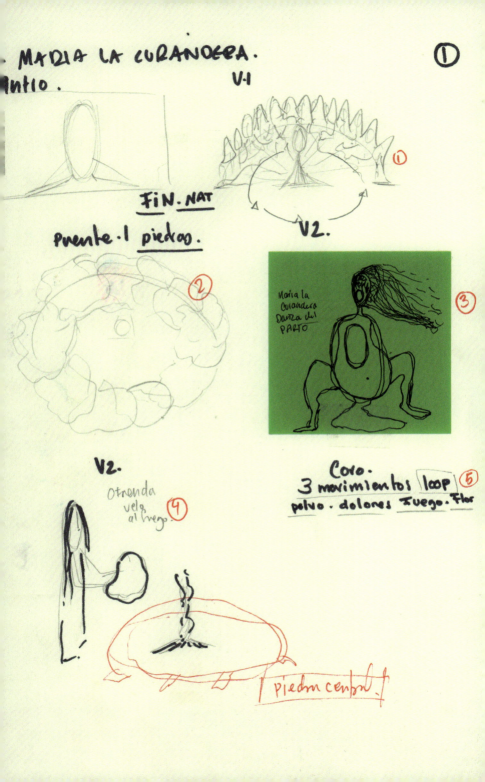

María la
Curandera
Danza del
PARTO   ③

V2.

Ofrenda
vela   ④
al fuego.

Coro.
3 movimientos loop ⑤
polvo· dolores Juego· Flor

piedra central.

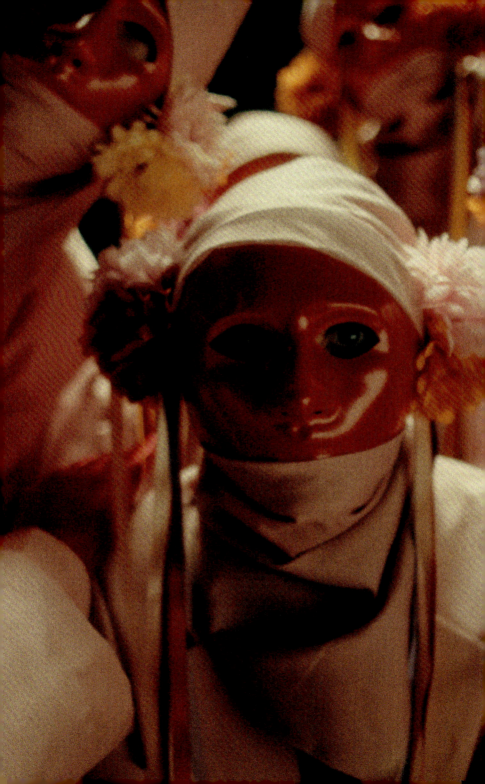

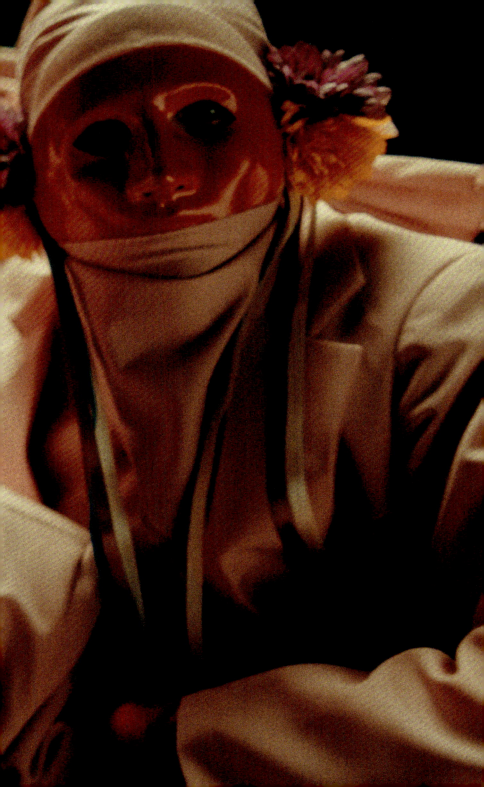

CRÉDITOS DEL LIBRO

CRÉDITOS DEL DISCO

DIRECCIÓN, REALIZACIÓN
Y PRODUCCIÓN:
Adan Jodorowsky y Natalia Lafourcade

TODAS LAS CANCIONES
ESCRITAS POR NATALIA
LAFOURCADE EXCEPTO:
"María la Curandera": Natalia
Lafourcade, inspirada en la mujer
medicina María Sabina y el poema
"Consejos de la Abuela Doctorcita"
de Alejandra Padilla.
"Muerte" y "Canta la arena": Rodolfo
David Aguilar Dorantes y Natalia
Lafourcade

ARREGLOS DE CUERDAS:
Emiliano Dorantes, Nando Hernández,
Ljova y Natalia Lafourcade

ARREGLOS DE VIENTOS
Y METALES:
Emiliano Dorantes y Natalia Lafourcade

ARREGLOS CORALES:
Emiliano Dorantes y Natalia Lafourcade

GRABADO EN:
Sonic Ranch, Tornillo, Texas, USA, y
Acuyo estudio (La Grapa Creativa),
Veracruz, México

INGENIERO DE GRABACIÓN:
Gerardo "Jerry" Ordonez

ASISTENTE DE GRABACIÓN
SONIC RANCH:
Mauro Pablo Cardona Castro

ASISTENTES DE GRABACIÓN
ACUYO ESTUDIO:
Alan Ortiz Grande,
Elier Contreras y Daniel Bitrán

MEZCLA:
Gerardo "Jerry" Ordonez, Motorbass
Studio, París, Francia

ASISTENTES DE MEZCLA:
Antoine Poyeton, Louis Bes, Louise
Bouget y Elier Contreras

MASTERIZACIÓN:
Bernie Grundman, Bernie Grundman
Mastering, Los Ángeles, California, USA

SOPORTE A LA PRODUCCIÓN:
Sociedad de Autores y Compositores
de México (SACM), Universal Music
Publishing, Juan Pablo López-Fonseca,
Enriqueta Calderón, Kevin Lawrie, Jaime
Arroyo, Rocío Alcázar, Silvia Márquez,
David Pesina, Pablo Cantú, Chase
Goldman, Gabriel Leal Martínez,
Montserrat Murrieta, Jorge Silva, Brenda
Coronado, Clementina Leal, Reyna
Fernández, Verónica Cedillo, Ricardo
Peralta, Jazmín Ravelo, Omar Franco y
Sergio Axotla

VOZ, GUITARRA ACÚSTICA
Y CUATRO:
Natalia Lafourcade

BANDA BASE:
PIANO: Emiliano Dorantes
GUITARRA ELÉCTRICA Y
ACÚSTICA: Marc Ribot
CONTRABAJO Y BAJO
ELÉCTRICO: Sebastian Steinberg
SECCIÓN RÍTMICA: Cyril Atef

CUERDAS:
VIOLÍN 1: Ekaterine Martínez
VIOLÍN 2: Érika Ramírez
VIOLA: Alma Deyci Osorio
CELLO: Mónica del Águila

VIENTOS:
TROMPETA Y FLUGELHORN:
Alfredo Pino
SAXOFÓN ALTO: Alan Villanueva
SAXOFÓN BARÍTONO Y TENOR:
Ramiro González

DIRECCIÓN Y COORDINACIÓN
CORAL: Lucía Gutiérrez

COROS:
Claudia Paola Aizcorbe, Galia Thalía
Delgadillo, Silvana Gámez, Ingrid Yamilé
Fernández, Ana Paulina Reyes, Stefany
Elizabeth Ochoa, Valentina Marentes,
Emma Coyo L. Hernández

MONTAJE DE ARTE DISCO:
Daniela Velasco

VIDEO:
Alessandra Zapata, Daniel Sedas,
Juan Pablo López-Fonseca y Rocío Alcázar

STYLING:
Claudia Cándano

ASISTENTE DE VESTUARIO:
Rocío Alcázar

GRACIAS A NUESTROS
DISEÑADORES:
Rabih Kayrouz, Nensi Dojaka, Gucci,
Chanel, Zii Ropa, Charlotte Chesnais
y Francisco Cancino

MAQUILLAJE:
Caroline Bufalini

ILUMINACIÓN:
Vivian Daval

SVP A&R:
Charlie García en Sony Music
Entertainment México

SUBDIRECTOR A&R:
Maité García en Sony Music
Entertainment México

AGRADECIMIENTO:
A Louise Deschamps por recibirnos
en el mágico taller de Jacques Tati en
París, Francia

De cuando hicimos un libro
Veracruz 2022
JP y Maria

La primera edición del libro se diseñó en Veracruz, durante
una residencia artística en los espacios de La Grapa
Creativa y El Pochote, entre los meses de agosto y octubre
de 2022, rodeados de la misma fuente de inspiración que
acompañó a Natalia en su disco, con la única regla de
pasarla siempre bien y honrar cada etapa del proceso.

Entre el 2022 y el 2023, Natalia creó
un universo sensorial detrás de la música de
De todas las flores. Buscó con determinación traducirlo
al plano visual y plasmar su concierto en vivo como
un viaje para todos los sentidos. En esta nueva edición
encontramos parte de su bitácora e inspiración.

Este libro se terminó de imprimir en el mes de mayo
del 2025, en los talleres de OFFSET SANTIAGO.
Manzana 4 lote 3 Col. Parque exportec 1, C.P 50223
Toluca Estado de México